세상을 바꾸는 씨앗

아동부 교사용

이 책은 조국형·정승아 님의 후원금으로 만들어졌습니다.

세상을 바꾸는 씨앗 아동부 교사용

기획 · 월드휴먼브리지(대표 김병삼)
지은이 · 오혜인(민들레커뮤니티)
감수 · 김성중(장로회신학대학교 기독교 교육과 교수)
일러스트 · 김혜연(@hessedrawing)
초판 발행 · 2022. 08. 11
등록번호 · 제1988-000080호
등록된 곳 · 서울특별시 용산구 서빙고로65길 38
발행처 · 사단법인 두란노서원
영업부 · 2078-3352 FAX 080-749-3705
출판부 · 2078-3331

책 값은 뒤표지에 있습니다.
ISBN 978-89-531-4289-3 04230
ISBN 978-89-531-4290-9 04230(세트)

독자의 의견을 기다립니다.
tpress@duranno.com http://www.Duranno.com

두란노서원은 바울 사도가 3차 전도여행 때 에베소에서 성령 받은 제자들을 따로 세워 하나님의 말씀으로 양육하던 장소입니다. 사도행전 19장 8-20절의 정신에 따라 첫째 목회자를 돕는 사역과 평신도를 훈련시키는 사역, 둘째 세계선교(TIM)와 문서선교(단행본·잡지) 사역, 셋째 예수문화 및 경배와 찬양 사역, 그리고 가정 · 상담 사역 등을 감당하고 있습니다. 1980년 12월 22일에 창립된 두란노서원은 주님 오실 때까지 이 사역들을 계속할 것입니다.

아동부
교사용

자선으로 이루어 가는 하나님 나라

세상을 바꾸는 씨앗

월드휴먼브리지

두란노

예수께서 이르시되

네 마음을 다하고 목숨을 다하고 뜻을 다하여

주 너의 하나님을 사랑하라 하셨으니

이것이 크고 첫째 되는 계명이요

둘째도 그와 같으니

네 이웃을 네 자신같이 사랑하라 하셨으니

이 두 계명이 온 율법과 선지자의 강령이니라

마태복음 22:37-40

차례

'세상을 바꾸는 씨앗'을 꿈꾸며

그리스도인으로서 잘사는 방법은 무엇일까요? 바로 하나님의 뜻을 알고, 삶 속에서 실천하는 것입니다. 그리스도인답게 살아가는 방법에는 여러 가지가 있지만, 그중에서도 이웃 사랑을 빼놓을 수 없습니다. 성경에서 말하는 이웃 사랑은 사회적 약자들을 돌보는 것에 초점이 있습니다. 이러한 정신을 바탕으로 시작된 국제구호개발 NGO 월드휴먼브리지는 교회를 넘어 세상 속에서 소외된 이웃을 섬기는 일을 해 왔습니다.

그동안 월드휴먼브리지의 사역이 국내외의 어려운 이웃을 돕는 것에 집중했다면, 이제는 한 걸음 더 나아가 한국 교회와 한국 사회를 변화시키는 데 집중하려고 합니다. 그것은 바로 자선의 철학을 정립하고, 교육하는 일입니다. 특별히 다음 세대를 대상으로 기독교 자선에 관해 교육하는 것이 매우 중요합니다.

유대인들은 어릴 때부터 이웃 돕는 일을 자연스럽게 배우고 실천하고 있습니다. 이 전통을 '쩨데카'라고 하지요. 부모는 자녀에게 저금통을 선물하며 가난한 사람을 돕는 돈을 모으도록 가르칩니다. 자녀는 자선을 실천하는 부모를 보면서 따라 배우게 됩니다. 이에 비해 우리나라에서는 자선과 기부에 대한 인식과 교육이 미흡합니다. 이는 가정과 교회에서도 크게 다르지 않습니다.

기독교 자선 교육 교재《세상을 바꾸는 씨앗》은 성경을 바탕으로 자선의 의미와 이유부터 구체적인 실천까지 다루고 있습니다. 어릴 때부터 말씀을 통해 자선과 기부에 관해 배우고 실천하다 보면, 성인이 되어서는 굳이 강조하지 않아도 자연스럽게 실천하게 될 것입니다. 부디 다음 세대가 본 교재를 통해 기부와 자선을 삶의 일부분으로 받아들이게 되기를 간절히 바랍니다. 자선과 기부를 통해 이 땅에서 하나님 나라를 경험하고, 또 경험케 하는 '세상을 바꾸는 씨앗'을 심는 자들이 되기를 축복합니다.

월드휴먼브리지 대표

김병삼

(가나다순)

이웃 사랑은 교회의 부차적인 기능이 아니라 본질적인 사명입니다. 《세상을 바꾸는 씨앗》은 그리스도인의 이웃 사랑을 위한 체계적이고 종합적인 안내서입니다. 이론적인 내용과 함께 구체적인 실천 방안까지 성경에 근거하여 제시하고 있습니다. 우리 자녀들이 성숙하고 균형 잡힌 그리스도인으로, 동시에 한국 사회의 건강한 민주 시민으로 자라가는 데 이 책이 큰 도움을 줄 것입니다. 이 교재가 한국 교회에 널리 사용되기를 바랍니다.

김경진 소망교회 담임목사

아이들에게 가르쳐야 할 중요한 것이 참 많습니다. 저는 그중 하나가 '돈'이라고 생각합니다. 돈이 무엇인지, 왜 중요한지, 그 한계는 무엇이며 어떻게 벌어야 하는지, 어떻게 관리해야 하는지 등등 가르쳐야 할 것들이 얼마나 많은지 모릅니다. 그중에서도 가장 중요한 것은 '어떻게 써야 하는가'입니다. 이를 어려서부터 가르치는 일은 너무나 중요합니다.

그런 의미에서 월드휴먼브리지에서 아이들을 위하여 《세상을 바꾸는 씨앗》이라는 교재를 만들어 출판하게 된 것이 얼마나 감사한지 모릅니다. 이 귀한 책자를 통하여 우리 아이들이 '세상을 바꾸는 씨앗'이 되기를 바라고, '세상의 복이 되는 아이들'로 자라게 되기를 기대합니다.

김동호 목사, 에스겔 선교회 대표

자선을 '특별'하게 생각하는 이들이 많습니다. 그러나 자선은 특별한 것이 아니라 '일상'입니다. 생각보다 어렵지 않고, 우리 가까이에 있습니다. 다만 잘 모를 뿐입니다. 특별히 기독교 자선 공과 교재를 통해 하나님 사랑, 이웃 사랑을 실천하는 자선이 일상에 가깝다는 것을 우리 다음 세대가 알기 원합니다. 그리고 더 나아가 자선을 통해 세상을 변혁할 거룩한 다음 세대가 일어나게 될 것을 기대합니다.

김종원 경산중앙교회 담임목사

세상에는 열매를 거두는 사람이 있고, 씨앗을 뿌리는 사람이 있습니다. 사람들은 열매에 관심을 두곤 하지만, 씨앗을 뿌리는 사람이 많아야 세상은 더욱 행복해집니다. 작고 연약한 씨앗이 어떻게 생명을 살리고 세상을 바꿀 수 있는지를 알아야 하고, 그 방법도 배워야 합니다. 귀한 교재를 통해 다음 세대들이 씨앗을 뿌리며, 세상을 바꾸는 인생으로 자라나길 축복합니다.

안광복 청주상당교회 담임목사

하나님을 향한 사랑은 이웃 사랑으로 드러나야 정상입니다. 예수님은 선한 사마리아인의 비유를 통해 이웃 사랑의 실제를 가르쳐 주셨습니다. 성경은 베풂으로 가득합니다. 그리스도인에게 자선은 선택이 아니라 필수입니다. 지금은 교회 담장을 넘은 사랑의 실천이 필요한 때입니다. 이 교재를 통해 성경적 자선을 일상 속에서 실천함으로써 하나님 나라를 드러내는 그리스도인들이 많이 일어나길 바랍니다.

이규현 수영로교회 담임목사

예수님은 우리에게 새 계명을 주셨는데, 곧 하나님 사랑과 이웃 사랑입니다. 그리스도인은 하나님께 받은 사랑을 교회 담장 밖 이웃과 나누고 선한 영향력을 끼치며 살아야 합니다. 《세상을 바꾸는 씨앗》은 유치부부터 청소년부까지 다음 세대에게 이웃, 특히 약한 사람을 왜, 어떤 태도로 도와야 하며 구체적으로 어떻게 도와야 하는지 성경적인 방법을 알려 줍니다.

어릴 때부터 공동체의 중요성을 가르치고, 타인을 배려하며, 소외된 사람을 섬기는 가치관을 심어 주는 자선 공과 교재가 나와서 너무나 기쁩니다. 선한 그리스도인은 위대해 보이지 않을지라도 예수님을 닮은 귀한 존재입니다. 믿음 안에서 자라는 우리 자녀들이 예수님과 함께 아름다운 씨앗을 심고, 그 씨앗이 열매를 맺어 세상을 풍요롭게 바꾸리라 믿습니다.

이재훈 온누리교회 담임목사

땅에 심긴 씨앗의 가치는 언제 알 수 있을까요? 싹이 움트고 자랄 때는 잘 모릅니다. 하지만 큰 나무가 되고 아름다운 열매를 맺을 때, 비로소 씨앗의 진정한 가치가 나타납니다.

《세상을 바꾸는 씨앗》은 다음 세대 어린이와 청소년들 마음에 자선과 나눔이라는 소중한 씨앗을 심는 책입니다. 모두가 더불어 살아가는 하나님 나라를 만드는 데 밑거름이 되는 책입니다. 《세상을 바꾸는 씨앗》이 믿음의 다음 세대와 그들을 섬기는 모든 이들의 삶 속에 귀한 영향력을 미치리라 소망하며 기쁜 마음으로 추천합니다.

임용택 안양감리교회 담임목사

어릴 때 경험하는 말씀 교육의 중요성은 아무리 강조해도 지나치지 않습니다. 많은 분이 외우고 있는 대부분의 성경 말씀은 주일 학교 때 외운 말씀들이 아닐까 싶습니다. 이 교재를 통해 동일한 영향력이 많은 분에게 일어나기를 바랍니다. 어릴 때부터 '하나님 사랑'을 깨닫고 '이웃 사랑'으로 나누는 방법을 배운 아이들이 어른으로 자랄 때까지 계속해서 그 사랑을 실천하여 열매 맺기를 바랍니다. 열매를 맺기 위해서는 씨앗이 심겨야 하는데, 이 교재가 아이들 가슴속에 심어지는 귀한 씨앗이 되기를 바랍니다.

지성업 산성교회 담임목사

기획 의도 및 주제 해설

> 또 비유를 들어 이르시되 천국은 마치 사람이 자기 밭에 갖다 심은 겨자씨 한 알 같으니 이는 모든 씨보다 작은 것이로되 자란 후에는 풀보다 커서 나무가 되매 공중의 새들이 와서 그 가지에 깃들이느니라 (마태복음 13:31-32).

한국 교회의 신뢰도가 급격히 추락함으로써 전도가 힘들어진 시대에 우리는 기독교인으로 살아가고 있습니다. 이러한 현상의 원인을 내부에서 찾자면 우리가 하나님의 말씀인 성경대로 살지 못했기 때문일 것입니다. 말씀 안에서의 앎과 삶이 일치하지 않았기 때문입니다. 즉 아는 대로 실천하며 살지 못했기 때문입니다. 설교를 자주 들었지만, 성경을 많이 읽었지만, 아는 대로 살지 못했다는 자기반성이 필요한 시점입니다.

예수님의 가르침의 핵심은 바로 하나님 사랑과 이웃 사랑입니다.

> 예수께서 이르시되 네 마음을 다하고 목숨을 다하고 뜻을 다하여 주 너의 하나님을 사랑하라 하셨으니 이것이 크고 첫째 되는 계명이요 둘째도 그와 같으니 네 이웃을 네 자신 같이 사랑하라 하셨으니 이 두 계명이 온 율법과 선지자의 강령이니라(마태복음 22:37-40).

우리는 지성과 감정과 의지로써, 즉 전인격을 다해 하나님을 사랑해야 합니다. 그리고 주변 이웃을 나 자신같이 사랑해야 합니다.

여기서 쓰인 "사랑"은 모두 헬라어 '아가페'를 번역한 것으로 아가페란 조건 없이 베풀어 주시는 하나님의 무조건적인 사랑을 의미합니다. 하나님은 죄를 가장 미워하시는데, 죄인인 우리를 용서하시고 구원하시기 위해 하나밖에 없는 독생자 예수 그리스도를 십자가의 대속물로 죽게 하셨습니다. 바로 그 하나님의 끝없는 무조건적인 사랑을 우리가 받았습니다. 우리는 그 사랑을 받아 누린 자들입니다.

그런데 더 중요한 것은 이 아가페의 사랑을 받은 사람은 동일하게 하나님과 이웃을 아가페의 사랑으로 사랑해야 한다는 것입니다. 하나님을 사랑하는 자는 이웃을 사랑하기 마련입니다. 하나님 사랑과 이웃 사랑은 연결되어 있습니다.

사도 요한은 이렇게 말합니다.

> 우리가 사랑함은 그가 먼저 우리를 사랑하셨음이라 누구든지 하나님을 사랑하노라 하고 그 형제를 미워하면 이는 거짓말하는 자니 보는 바 그 형제를 사랑하지 아니하는 자는 보지 못하는 바 하나님을 사랑할 수 없느니라(요한일서 4:19-20).

기독교 신앙은 하나님을 닮는 것입니다. 하나님이 우리를 사랑하셨으니 우리도 하나님을 닮아 사랑하는 삶을 살아야 마땅하다는 것입니다. 예수님이 제자들의 발을 씻겨 주신 이유가 무엇입니까? 예수님이 본을 보여주신 것처럼 제자들도 다른 사람의 발을 씻겨 주라는 것입니다(참조, 요한복음 13:14-15).

우리는 하나님의 아가페 사랑을 받은 만큼 이웃을 사랑으로 품지 못했던 부족한 모습을 반성하고, 이제는 가정과 학교와 직장과 지역사회, 곧 세상에서 하나님의 아가페 사랑을 실천하며 빛과 소금으로 살아야 합니다. 이웃의 범위는 넓지만, 우리가 특별히 관심을 가져야 하는 우선 대상은 바로 사회적 약자입니다. 구약에서 하나님의 특별한 관심은 사회적 약자를 향해 있었고, 그들을 품고 돌보고 실제적인 도움을 주면서 사랑을 베풀라고 말씀하셨습니다.

> 너희 중에 분깃이나 기업이 없는 레위인과 네 성중에 거류하는 객과 및 고아와 과부들이 와서 먹고 배부르게 하라 그리하면 네 하나님 여호와께서 네 손으로 하는 범사에 네게 복을 주시리라(신명기 14:29).

신약의 예수님은 이 땅에 오셔서 가난하고 소외되어 병들고 힘든 삶을 살았던 사회적 약자들의 친구가 되어 주셨고, 그들의 실제적인 필요를 채워 주시면서 사랑을 베푸셨습니다. 그러므로 우리도 사회적 약자들에게 특별한 관심을 가지고 아가페 사랑을 실천해야 합니다.

도움이 필요한 이웃에게 하나님의 아가페 사랑을 베푸는 구체적인 방법이 바로 '자선'입니다. 안타깝게도 한국 교계에서는 자선이 일회성 이벤트로 치부되고 있습니다. 부활절, 추수감사절, 성탄절과 같은 특별한 절기에 일회적으로 시행되는 경우가 많습니다. 그러나 자선은 이벤트가 아닌 일상이 되어야 합니다.

더욱 안타까운 것은 자선에 대한 교육 커리큘럼이나 프로그램이 전무하기에 일상 속에서 자선이 왜 필요한지, 성경적인 관점에서 자선이 어떤 것인지, 자선을 어떻게 구체적으로 실천할지를 모른다는 것입니다.

그러므로 하나님의 아가페 사랑을 실천하는 삶을 살기 위해서는 자선에 대한 체계적이고 종합적인 교육이 필요합니다. 이 교육은 어릴 때부터 시행해야 효과가 큽니다. "세 살 버릇 여든까지 간다"라는 속담이 있듯이 어릴 때 교육으로 습관화된 실천은 평생 지속되기 마련입니다.

이러한 이유로 한국 교회에서 자라나는 다음 세대에게 기독교 자선이란 무엇이며 어떤 태도와 방법으로 실천해야 하는지를 구체적으로 가르치고 안내하기 위해 본 교재를 기획했습니다.

본 교재의 특징은 다음과 같습니다.

첫째, 기독교 자선의 배경으로 하나님 사랑과 이웃 사랑을 제시합니다.

둘째, 이웃 사랑의 범위는 세상 모든 사람으로 확장해야 한다고 가르칩니다.

셋째, 도움이 필요한 이웃을 돕기 위해서는 무엇보다도 주님께 감사하는 태도와 넉넉한 배려심이 필요함을 가르칩니다.

넷째, 자선의 방법은 물질 기부와 재능 기부로 나누어 소개합니다.

마지막으로, 기독교인의 자선은 삶 자체로, 끝까지 완수해야 하는 사명임을 가르칩니다.

예수님은 "천국은 마치 사람이 자기 밭에 갖다 심은 겨자씨 한 알"(마태복음 13:31)과 같다고 말씀하셨습니다. 겨자씨는 모든 씨앗보다 작은 씨앗입니다. 그러나 큰 생명을 품고 있습니다. 그래서 겨자씨가 "자란 후에는 풀보다 커서 나무가 되매 공중의 새들이 와서 그 가지에"(마태복음 13:32) 깃들게 되고, 나무는 또 다른 열매, 즉 씨앗을 맺습니다. 이처럼 한 사람이 누군가에게 자선을 베풀면, 그 사람이 또 다른 누군가에게 자선을 베풀게 될 것입니다. 자선은 "세상을 바꾸는 행복한 씨앗"입니다.

자선이란 고통과 아픔 가운데 있는 누군가의 삶 속에 하나님의 사랑과 위로와 소망을 전하는 고귀한 사명입니다. 그러므로 우리는 자선을 통해 하나님의 뜻을 이루어 가는 삶을 살아갈 수 있습니다. 자선을 행할 때 하나님의 사랑이 가득한 아름다운 세상이 이루어지기를 꿈꿉니다.

한눈에 보는 '세상을 바꾸는 씨앗'

기독교 자선 교육의 정의

'기독교 자선 교육'이란 성경의 가르침에 따라 하나님 사랑, 이웃 사랑을 실천하는 자선가를 양성하는 교육입니다. 어린이가 사회의 구성원이자 선행의 주체로서 상호 의존하는 공동체 정신을 배우고, 타인에 대한 존중과 소외된 이웃을 향한 관심과 배려를 몸소 체험하며 함께 살아가는 방법을 익혀 복음을 실천하는 책임 있는 기독교 자선가로 성장하도록 돕습니다.

교육 목표

첫째, 자선의 개념과 필요성을 성경적·사회적인 측면에서 이해할 수 있도록 정보를 제공하여 균형 잡힌 관점을 갖도록 합니다.
둘째, 사회 공동체에서 필요로 하는 우호적인 태도 및 타인과의 연대감과 약자를 보호하는 마음을 배워 그리스도인의 사회적 책임을 실감하고 실천하도록 가르칩니다.
셋째, 자선의 다양한 방법에 관한 기본 지식을 습득하고, 나아가 자신의 상황에 맞는 자선 방법을 탐색하여 실천하는 역량을 강화합니다.

교수학습전략

학습자 중심 교육(Learner-Centered Learning)

기존의 교사 중심 학습에서 벗어나 학습자가 주체적으로 참여하고 능동적으로 지식을 습득하는 것을 목표로 교육합니다. 학습자가 학습에 능동적·적극적으로 참여할 수 있는 다양한 교수학습환경(instructional environment)을 제공하여 학습자의 내재적 동기 향상 및 효과적인 학습을 기대합니다.

협동 학습(Cooperative Learning)

자선을 통해 더 나은 세상을 만들기 위해서는 함께하는 노력이 필요합니다. 따라서 개인적 차원에서의 학습보다는 동료 학습자와의 협동 학습을 통해 다각적·통합적·심층적인 사고를 유도하고자 합니다. 학습자는 공동체 구성원으로서 동료들과 함께 학습하는 과정을 통해 의사소통 능력, 융합적 사고, 상호협력적 태도 및 책임감을 기를 수 있습니다.

사례 기반 학습(Case-Based Learning)

다양한 상황과 맥락에서 이웃을 도울 수 있으려면, 자선의 다양한 사례를 학습할 필요가 있습니다. 학습자가 실제 상황에서 지식을 적용할 수 있도록 유연한 사고와 응용력을 함양하게 합니다.

이 책에 대하여

초등학생에게 자선을 가르치는 책입니다

본 교재는 초등학생을 대상으로 집필되었습니다. 특히 저학년(1~3)과 고학년(4~6)의 수준 차이를 고려하여 3-4학년의 인지 능력을 기준으로 하였습니다. 또한 자선 교육 시작 전에 미리 알아야 할 지식을 최소화하였기 때문에 학생들이 신앙생활을 시작한 시점이 각기 다르더라도 동시 학습이 가능합니다.

학습 절차는 3단계(도입-전개-적용)로 구성했습니다

도입 단계인 '예배 전 활동'에서는 학습 내용에 대한 사전 지식 및 학습자의 학습 동기와 흥미를 높입니다. 전개 단계인 '예배'에서는 하나님께 드리는 예배를 통해 성경의 가르침을 배우고 우리의 신앙을 고백합니다. 적용 단계인 '예배 후 활동'에서는 앞 단계에서 배운 성경의 가르침을 일상에 구체적으로 적용할 수 있도록 합니다. 각 단계는 상호 연계되어 동일한 학습목표를 지향하고, 총 60분으로 구성됩니다.

학생용 워크북(Workbook)이 있습니다

학생용 워크북은 활동에 필요한 학습 자료 일부와 학습자가 교회에서 배운 말씀을 가정에서 복습할 수 있는 자기 주도 학습 자료들을 각 과별로 제공합니다.

소그룹 활동과 대그룹 활동이 있습니다

본 교재의 활동은 소그룹 활동과 대그룹 활동으로 구성되어 있습니다. 소그룹 활동은 5~7명으로 편성된 소그룹들이 담당 교사의 지도하에 학습을 진행하는 형태를 말합니다. 대그룹 활동은 담당 사역자의 지도하에 전체 학생이 함께 학습을 진행하는 형태를 의미합니다.

개역개정 및 쉬운성경을 사용합니다

아이들의 인지 수준을 고려하여 개역개정판 성경 및 쉬운성경을 병행하여 사용합니다.

6주간 교육이 진행됩니다

본 자선 교육은 한 주에 한 번, 주일을 기준으로 하여 총 6주간 진행되는 교육 과정으로 설계되었습니다.

교사를 위한 가이드

교사의 역할은 티칭(teaching)이 아니라 코칭(coaching)으로 전환됩니다

학습자 중심 교수 학습은 교사가 아니라 학습자가 학습의 주도권을 갖는다는 점에서 전통적인 수업 방식과 차별됩니다. 이에 교사에게는 지식을 전달하고 가르치는 역할이 아니라, 학습자가 원활한 학습을 할 수 있도록 도와주는 조력자 및 촉진자의 역할이 요구됩니다. 교사는 학습자가 주체적으로 학습할 수 있도록 적절한 순간에 적절한 자료 및 질문을 제공함으로써 원활한 학습을 이끌고, 학습자가 스스로 할 수 있는 영역에는 개입하지 않아야 합니다. 학습자가 고민하고 깨닫는 학습 과정을 경험할 수 있도록 돕는 코치가 되어야 합니다.

저학년 학생들은 학습 지도가 필요합니다

본 교재는 3~4학년 학습 수준에 맞춰 집필되었기 때문에, 1~2학년이 사용할 경우 원활한 학습을 위해서는 교사의 지도가 필요합니다. 글보다는 그림 또는 말로 자신의 생각을 표현할 수 있도록 지도해 주시고, 학습을 잘 따라오고 있는지 관심을 갖고 확인해 주시기 바랍니다. 또한 가정에서 복습하는 자기 주도 학습은 부모님이 지도해 주실 수 있도록 안내 바랍니다.

소그룹은 다양한 연령을 혼합하여 구성합니다

소그룹은 담당 교사 1명과 5~7명의 학생들을 기준으로 구성되었으며, 소그룹 진행시 함께 학습하게 됩니다. 소그룹을 구성할 때 고려할 점은 다음과 같습니다.

첫째, 친밀한 학생들을 같은 소그룹에 배정하여 학습 참여도를 높일 수 있습니다.

둘째, 학년별로 구분하기보다는 1~4학년, 3~6학년 안에서 학년을 섞어 배치합니다. 수준 차이가 있는 유능한 또래와 학습할 때 효과적인 학습 결과를 기대할 수 있으며, 고학년이 저학년을 도와줄 때 책임감과 협력하는 태도를 기를 수 있습니다.

'하나님 사랑, 이웃 사랑'이 학습 전반에 전제되어야 합니다

기독교 자선 교육은 하나님 사랑, 이웃 사랑에서 출발합니다. 이것은 이 교재에서 가장 중요한 핵심 전제입니다. 여기서 이웃 사랑은 '연민'이 아닌 '공감'의 태도를 의미합니다. '연민'은 나의 관점에서 상대방을 불쌍히 여기는 마음으로 이해하는 것이지만, '공감'은 상대방의 입장에서 그의 마음을 내 일처럼 이해하는 태도를 말합니다.

학생들은 이러한 하나님 사랑, 이웃 사랑을 모든 학습 과정에서 경험할 수 있어야 합니다. 교사들의 행동 및 태도, 학습 절차나 방법 등이 사랑의 과정으로 이루어져야 학생들이 사랑을 잠재적으로 학습할 수 있습니다.

학습 공간의 자리 배치는 수평 구조를 추천합니다

학습자 중심 교육에서는 교사와 학생의 역할에 따라 공간 구조도 다르게 배치됩니다. 교사와 학생의 수직 구조를 반영한 전통적 배치가 아니라, 교사와 학생의 역할이 구분되지 않고 함께 배우는 수평적 학습 구조를 지향합니다.

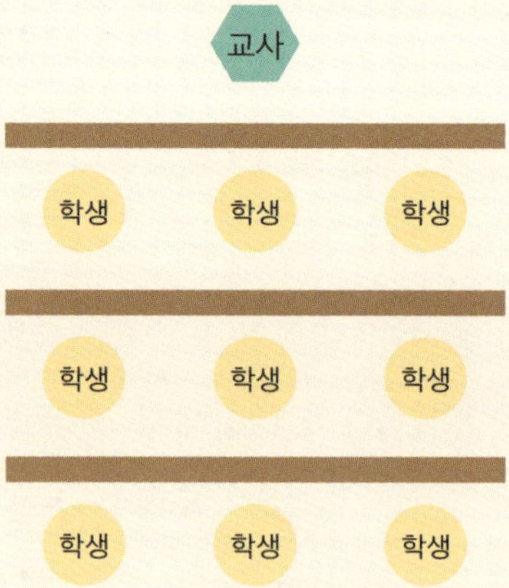

<수직 구조 배치 예시>

<수평 구조 배치 예시>

구성과 활용 가이드

한눈에 보는 구성

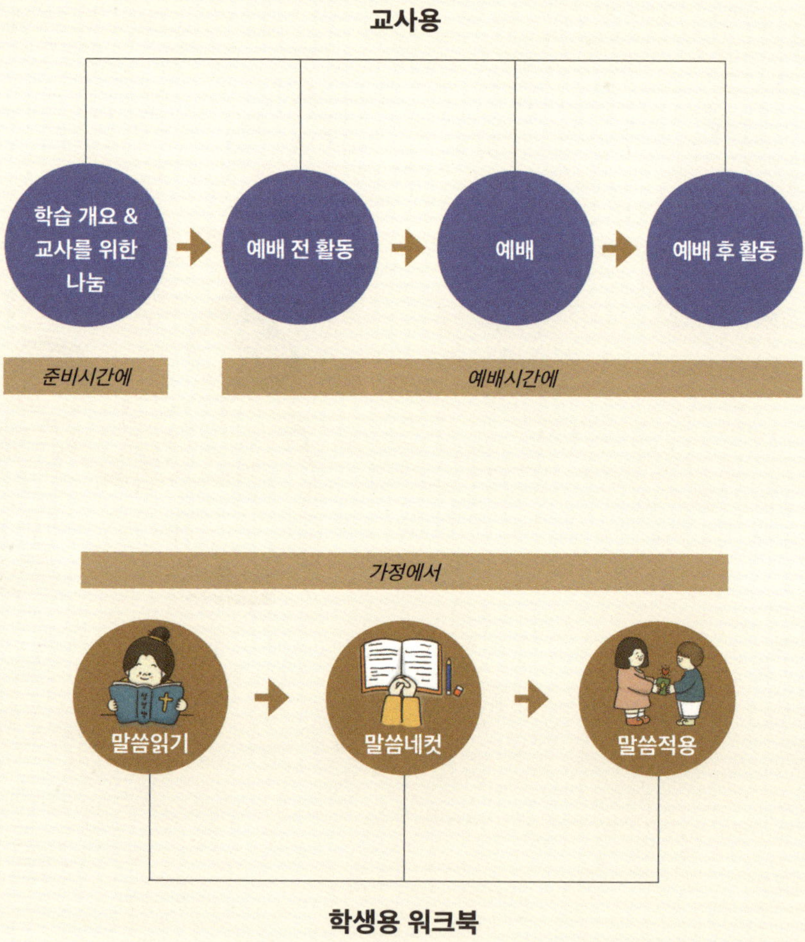

활용 가이드

학습 개요

각 과의 학습 내용을 간략히 요약하여 제시합니다.

교사를 위한 나눔

각 과의 말씀을 교사의 수준에서 묵상할 수 있도록 제시합니다. 지도하기 전 반드시 진행해 주세요.

예배 전 활동

다양한 활동을 통해 배울 내용에 대한 사전 지식과 학습 동기 및 기대감을 높입니다.

- 사전준비 인도자/교사가 미리 준비해야 할 내용을 제시합니다.
- 진행방법 활동을 어떻게 진행해야 하는지 구체적으로 제시합니다.
- TIP 원활한 진행을 위한 참고사항을 제시합니다.

예배

각 과 주제에 맞는 찬양, 설교, 기도를 제시하며 예배를 구성합니다.

- 찬양 설교 말씀과 관련된 찬양을 부릅니다.
- 설교 성경 이야기를 통해 자선을 학습합니다.
- 결단기도 배운 말씀을 실천하기로 결단하며 기도합니다.

예배 후 활동

다양한 활동을 통해 배운 내용에 대한 적용 및 실천 방안을 탐색합니다.

- 사전준비 　인도자/교사가 미리 준비해야 할 내용을 제시합니다.
- 진행방법 　활동을 어떻게 진행해야 하는지 구체적으로 제시합니다.
- TIP 　원활한 진행을 위한 참고사항을 제시합니다.

워크북(Workbook)

워크북은 학생용 교재입니다. 교회 및 가정에서 하는 활동지를 제공합니다. '교회에서 하는 활동지'는 예배 전 활동 및 예배 후 활동에 필요한 내용입니다. '가정에서 하는 활동지'는 배운 내용을 일상에 적용하고 구체적으로 실천하도록 돕는 자기 주도 학습을 제시합니다. 원활한 지도를 위해 학생들이 학생용 워크북을 지참하도록 안내합니다.

- 말씀읽기 　오늘의 성경말씀을 다시 읽어 보며 묵상합니다.
- 말씀네컷 　오늘 배운 말씀을 이미지로 떠올리며 복습합니다.
- 말씀적용 　배운 내용을 삶에 적용하고 실천 경험을 기록합니다.

※ 전체 개요 및 구체적인 내용은 학생용 워크북을 참고해 주세요.

※ 아이들이 교회에 올 때 학생용 워크북을 지참할 수 있도록 안내해 주세요.

※ 귀가한 뒤 학생들이 '가정에서 하는 활동지'를 스스로 할 수 있도록 안내 및 지도해 주세요.

활용 자료

'세상을 바꾸는 씨앗' 예배 및 활동 준비에 필요한 자료는 아래의 QR코드를 통해 월드휴먼브리지 홈페이지에서 다운로드 할 수 있습니다.

(PPT 비밀번호 : seed813)

전체 단원 요약

구분		1과	2과	3과
제목		하나님만 사랑하면 되나요? 	이 사람도 이웃인가요? 	어떤 태도로 도와야 하나요? 
부제		자선의 배경	자선의 대상	자선의 태도
주제 성구		요일 4:11	눅 10:37b	신 24:19
학습 목표		• 하나님 사랑과 이웃 사랑이 자선의 출발임을 이해한다. • 하나님 사랑과 이웃 사랑의 연결성을 이해한다.	• 이웃 간 연대감을 증진한다. • 소외된 다양한 이웃을 탐색한다.	• 성경 속 자선의 바른 태도를 이해한다. • 자선의 마음가짐과 태도를 점검한다.
학습 단계	예배 전	**대그룹 활동** '자선' 하면 떠오르는 것은?	**사전 활동** 교회 앞에서 도움이 필요한 사람을 만난다면? **소그룹 활동** 나의 이웃 소개하기	**소그룹 활동** 내가 구덩이에 빠진 사람이라면?
	예배	**예배** 요한일서 4:7-21 서로 사랑하자	**예배** 누가복음 10:25-37 이웃인 줄 몰랐던 이웃	**예배** 신명기 24:19-22 위하여 남겨 두라
	예배 후	**대그룹 활동** 우리의 연결고리	**대그룹 활동** 다양한 이웃들	**대그룹 활동** '너'가 되는 의자
	가정 워크북	**자기 주도 학습** 받은 사랑 주는 사랑	**자기 주도 학습** 무슨 지도일까?	**자기 주도 학습** 바르게 도와요

4과	5과	6과
무엇으로 도울 수 있나요?  	또 다른 기부 방법이 있나요? 	자선은 언제까지 해야 하나요? 
자선의 방법		자선의 실천
고후 8:14	마 25:21	마 25:40
• 물질 기부의 다양한 방법 및 경로를 탐색한다. • 개인별 물질 기부의 실천 방안을 모색한다.	• 재능 기부의 다양한 방법 및 경로를 탐색한다. • 개인별 재능 기부의 실천 방안을 모색한다.	• 자선이 일으키는 변화를 인식한다. • 자선의 지속적인 실천을 다짐한다.
대그룹 활동 물질 지원을 통한 자선 사례 영상 시청	소그룹 활동 나의 재능은?	소그룹 활동 멀리멀리
예배 고린도후서 8:1-15 슬기로운 기부 생활	예배 마태복음 25:14-30 슬기로운 재능 기부	예배 마태복음 25:34-45 세상을 바꾸는 씨앗
대그룹 활동 자선 단체 박람회	대그룹 활동 찾아라 재능 기부	대그룹 활동 씨앗 세계지도
자기 주도 학습 나도 물질 기부해 봤다!	자기 주도 학습 나도 재능 기부해 봤다!	자기 주도 학습 자선 여행 가방 꾸리기

* 가정에서 하는 학습은 학생용 워크북 참고

1과

하나님만 사랑하면 되나요?

{ 자선의 배경 }

학습 개요

중심 구절 사랑하는 자들아 하나님이 이같이 우리를 사랑하셨은즉 우리도 서로 사랑하는 것이 마땅하도다(요한일서 4:11)

성경 본문 요한일서 4장 7-21절

학습 목표
- 하나님 사랑과 이웃 사랑이 자선의 출발임을 이해한다.
- 하나님 사랑과 이웃 사랑의 연결성을 이해한다.

학습 단계

예배 전 대그룹 활동 '자선' 하면 떠오르는 것은?

예배 서로 사랑하자

예배 후 대그룹 활동 우리의 연결고리

교사를 위한 나눔

선생님, 안녕하세요. '세상을 바꾸는 씨앗' 첫 번째 시간입니다.
오늘은 자선이 하나님 사랑과 이웃 사랑에서부터 시작된다는 사실을 배우게 됩니다.
아이들과 함께 드리는 예배를 기대하며 말씀과 기도로 준비해 주세요.

1. 하나님은 어디에 계십니까?(요한일서 4:15)

2. 하나님은 우리에게 어떻게 사랑을 보여주셨습니까?(요한일서 4:9)

3. 하나님을 사랑하는 사람은 누구를 사랑해야 합니까?(요한일서 4:21)

1. 내가 경험한 하나님의 사랑은 무엇입니까?

2. 그리스도인으로서 이웃 사랑을 실천하고 있습니까?

- 예수님을 믿으며 하나님 안에서 살아가는 우리 반이 되게 하소서.
- 하나님의 사랑을 깨닫고 이웃을 사랑하는 우리 반이 되게 하소서.

1과 예배 전 활동 '자선' 하면 떠오르는 것은?

- **소요시간** 40분
- **활동형태** 대그룹 활동
- **활동의도** '자선'에 대한 사전 지식을 다각적으로 확인한다.
- **준 비 물** 스크린, 노트북/PC, 스마트폰, 멘티미터, 배경음악

사전준비

① 멘티미터 프레젠테이션을 준비한다. (주제: '자선' 하면 떠오르는 것은?)

② 전체 학생이 멘티미터를 볼 수 있도록 스크린을 준비한다.

※ 멘티미터란(Mentimeter)? 교사와 학생이 실시간으로 여러 아이디어를 소통할 수 있는 온라인 활동도구로, 다수의 의견을 취합하거나 브레인스토밍에 유용하다.

멘티미터
설정 방법

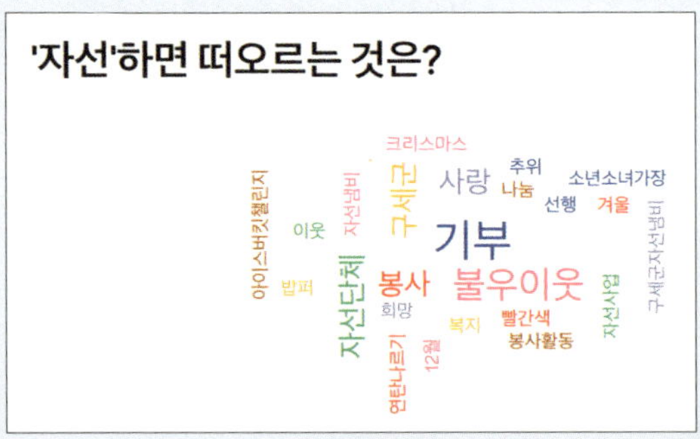

<멘티미터 예시>

③ 활동 전 스크린 화면에 해당 멘티미터 프레젠테이션을 열어 두고, 신나는 배경음악을 틀어 놓는다.

진행방법

① 인도자는 자선 교육에 대해 간략히 소개한 뒤 도입 활동을 설명한다.

✚ 친구들, 반가워요. 오늘부터 '세상을 바꾸는 씨앗'이라는 자선 교육을 시작해요. '자선'이라는 단어를 들어 본 적 있나요? (대답을 듣는다.) 오늘 처음 들어 봤을 수도 있고, 이미 알고 있는 친구도 있을 거예요. 우리 친구들이 '자선'을 무엇이라고 생각하는지 먼저 확인해 보고, 자선 교육을 시작하려 해요. 멘티미터를 통해 '자선' 하면 떠오르는 것들을 단어로 적어 보고, 다른 친구들의 생각도 같이 살펴봅시다.

② 학생들은 www.menti.com 이동 또는 앱 멘티미터를 다운받는다.

③ 학생들은 인도자가 제공한 코드(Code) 6자리를 입력하여 해당 프레젠테이션에 참여한다. (참가자는 회원가입 불필요)

④ 학생들은 '자선' 하면 떠오르는 단어(명사)를 3개 이상 입력한다.

⑤ 인도자는 '자선'에 대한 학생들의 사전 지식을 종합적으로 정리하며 활동을 마무리한다.

✚ 여기서 글씨 크기가 가장 큰 단어가 가장 많은 친구들이 입력한 단어입니다. '자선'을 ○○○으로 떠올리는 친구들이 가장 많았네요. 그 다음은 ○○○이고, ○○○도 있었어요. 활동을 해보니 우리 친구들이 '자선'을 다양하게 이해하고 있음을 알 수 있었어요. 이제 예배를 통해 본격적인 자선 교육을 시작해 보도록 해요!

TIP

- 일부 학생들이 스마트폰을 지참하지 않은 경우에는 짝 또는 그룹으로 진행할 수 있다.
- 교사들도 활동에 참여하여 함께 학습에 동참하는 분위기를 형성하는 것이 좋다.

1과 예배 서로 사랑하자

- 본 문 요한일서 4장 7-21절
- 중심구절 요한일서 4장 11절
- 소요시간 30분
- 준 비 물 설교 자료(PPT)

찬양

그 사랑 기억하게(최광희 사/ 조민진 곡)

그 사랑 기억하게 해주세요
그 은혜 더 깨닫게 해주세요
그 큰 사랑 갚을 수 없는
그 은혜로 따뜻하게 품게 해주세요
다른 생각 다른 모습 주님 안에서
아름답게 아름답게 어울려
서로서로 볼 때마다 하늘 소망
볼 수 있게 볼 수 있게 해주세요

설교

친구들, 반가워요. 오늘부터 여러분과 '세상을 바꾸는 씨앗'이라는 제목으로 자선 교육을 시작합니다. 여기서 '세상을 바꾸는 씨앗'은 무엇일까요? 바로 '자선'이에요. 앞의 활동에서 우리는 '자선' 하면 떠오르는 단어들을 살펴보았지요. '자선'은 어려운 상황에 놓여 있는 사람들을 도와주는 것을 말해요. 우리 친구들도 어려운 사람을 도와 본 적이 있나요? (대답을 듣는다.) 네, 아직 도와 본 적이 없는 친구들도 있을 것이고, 이미 자선을 실천하고 있는 친구들도 있을 거예요. 오늘은 자선 교육의 첫 번째 시간, '서로 사랑하자'라는 제목으로 **자선의 출발이 되는 '사랑하는 마음'에 대해 알아봅시다.**

사랑의 여러 모습들

사랑에는 여러 가지 모습이 있어요. 자녀를 향한 부모님의 사랑도 있고, 동생이나 형, 누나, 언니를 향한 형제자매 간의 사랑도 있어요. 이러한 가족의 사랑뿐만 아니라 친구나 애인을 향한 사랑도 있지요. 또 강아지나 고양이 같은 동물을 향한 사랑도 있어요. 이렇게 **다양한 사랑의 모습 중에서도 가장 큰 사랑이 있는데, 바로 하나님의 사랑이에요.**

하나님으로부터 시작된 사랑

16절에 보면 "하나님은 사랑이시라"고 나와 있어요. 사랑은 하나님에게서 처음 생겨나고 시작되었어요. 그리고 하나님의 사랑으로 이 세상과 사람이 만들어졌어요. 하나님은 사람을 창조하신 후 크게 기뻐하셨어요. "이제 나의 사랑을 사람과 함께 나눌 수 있겠구나." 하나님은 사람을 사랑하시고, 사람도 하나님을 사랑했어요.

그런데 사람이 죄를 짓기 시작했어요. 사람은 하나님을 사랑하기보다 다른 것들을 사랑했어요. 그렇게 사람은 하나님을 떠나 죄를 지었어요. 죄는 사람을 죽게 만들어요. 하나님은 사람을 너무 사랑하셨기 때문에, 이 죄를 없애고 싶으셨어요. 그래서 사람이 지은 죄를 없애기 위해 예수님을 이 땅에 보내셨어요. 하나님의 하나뿐인 아들이자 하나님 자신이신 예수님이 이 땅에서 우리의 죄를 대신 짊어지고 십자가에서 죽으셨어요. 죄를 지은 우리가 죽어야 하는데, 예수님이 대신 죽으신 거예요. 그렇게 우리는 구원을 얻었어요. 우리 친구들은 누군가를 위해 대신 죽을 수 있나요? (대답을 듣는다.) 이것은 정말 사랑하지 않으면 할 수 없는 일이에요. **하나님은 우리를 목숨을 내어주기까지 사랑하셨어요. 그래서 예수님이 바로 하나님 사랑의 가장 큰 열매이지요.** 성경에서 확인해 볼까요? 다음 말씀을 같이 읽어 봅시다. "하나님은 그의 독생자를 이 땅에 보내심으로 우리를 향한 그분의 사랑을 보여주셨으며, 그를 통해 우리에게 생명을 주셨습니다. 진실한 사랑이란 하나님을 향한 우리의 사랑이 아니라, 우리를 향한 하나님의 사랑인 것입니다. 하나님은 당신의 아들을 보내셔서 우리의 죄를 위해 화목 제물이 되게 하셨습니다"(요한일서 4:9-10, 아가페 쉬운성경).

하나님께 받은 사랑으로 이웃을 사랑해요

이처럼 우리는 모두 하나님으로부터 큰 사랑을 받았어요. 그렇다면, 하나님의 사랑을 받은 사람은 평생 하나님만 사랑하면 되는 것일까요? 다음 말씀을 함께 읽어 보아요. "사랑하는 친구 여러분! 하나님께서 이처럼 우리를 사랑해 주셨으니 우리 역시 서로를 사랑해야만 합니다"(요한일서 4:11, 아가페 쉬운성경).

하나님은 내가 너희에게 준 사랑을 가지고 하나님도 사랑하고, 이웃도 사랑해야 한다고 말씀하셨어요. 그 이유는 하나님의 사랑이 하나님 자신이 아닌 우리를 향해 있었던 것처럼, 우리가 받은 사랑도 다른 사람을 향해야 하기 때문이에요. 그래서 성경에서는 첫째 계명인 하나님을 사랑하는 것과 둘째 계명인 이웃을 사랑하는 것을 똑같이 중요하게 말씀하세요(마태복음 22:37-40).

하나님을 사랑하고, 이웃을 사랑하는 일은 서로 연결되어 있어요. 어떤 사람들은 하나님께 사랑을 받았지만, 그 사랑을 이웃에게 나누지 않아요. 하나님이 나만 사랑하신다고 착각하기 때문이에요. 과연 하나님이 나만 사랑하실까요? 그렇지 않아요. 하나님은 나도 사랑하시고, 내 옆의 친구도 사랑하세요. 그래서 하나님은 우리가 서로서로 사랑하기를 원하시는 거예요. 우리가 형, 누나, 동생과 사이좋게 지내면 부모님이 기뻐하시고, 싸우면 속상해 하시는 것처럼 말이에요.

여기 '사랑'이라는 친구의 이야기를 들려줄게요. 사랑이는 주일에 한 번도 빠지지 않고 예배를 드렸어요. 찬양도 열심히 하고, 말씀도 잘 듣고, 헌금도 정성스레 드리고, 교회 활동에도 잘 참여했어요. 하나님이 사랑이를 보실 때 어떤 마음이 드실까요? (대답을 듣는다.) 맞아요. 참 기쁘실 거예요. 예배를 마친 후 사랑이는 친구들과 놀이터에 갔어요. 사랑이는 그네를 타고 싶었는데 한 친구가 혼자만 계속 그네를 타고 있었어요. 사랑이는 그 친구가 너무 미웠어요. 그래서 그 친구를 빼고 다른 친구들과만 놀았어요. 하나님이 사랑이를 보실 때 어떤 마음이 드실까요? (대답을 듣는다.) 아무리 하나님께 예배를 잘 드리고 하나님을 사랑한다고 고백할지라도, 이웃을 사랑하지 않으면 진짜 사랑을 실천한다고 할 수 없어요. 다음 말씀을 읽어 볼까요? "어떤 사람이 '나는 하나님을 사랑해요'라고 말하면서 그의 형제를 미워하면, 그는 거짓말쟁이입니다. 이는 눈에 보이는 자기의 형제도 사랑하지 못하면서 보이지 않는 하나님을 사랑할 수는 없기 때문입니다"(요한일서 4:20, 아가페 쉬운성경).

하나님을 사랑한다고 하면서 이웃을 미워하면 거짓말을 하는 것과 같

대요. 이처럼 하나님을 사랑하는 것과 이웃을 사랑하는 것은 서로 연결되어 있어요. 이웃 사랑은 하나님을 사랑하는 사람들에게서 공통으로 나타나는 모습이랍니다.

내 몸같이 사랑하는 것

마지막으로 하나님은 이웃을 '내 몸같이' 사랑해야 한다고 말씀하세요. 내 몸같이 사랑하는 것이 무슨 말일까요? 다른 사람을 '나처럼' 아끼는 것이에요. **하나님은 스스로를 아끼고 사랑하는 것처럼 이웃을 아끼고 사랑하라 하셨어요.** 예를 들어, 내가 도움이 필요할 때 다른 사람이 도와주길 바라듯이, 누군가 도움이 필요할 때 내가 기꺼이 그를 도와주는 것이에요. 또 내가 외로울 때 다른 사람이 내 옆에 있어 주길 바라는 것처럼, 누군가 외로울 때 그의 곁에서 함께해 주는 것이지요.

마무리

사랑하는 여러분, 우리는 오늘부터 6주 동안 자선이 무엇이고, 어떤 태도로, 누구를 도와야 하는지, 그리고 자선을 실천하는 방법들을 살펴볼 예정이에요. 무엇보다 우리 모두가 자선가로서 살아가도록 하는 것이 최종 목표입니다. 그리고 '자선'은 이웃을 사랑하는 마음에서 출발해요. **우리가 '자선'을 배우는 이유는 하나님이 우리에게 명령하신 이웃 사랑의 한 방법이기 때문입니다.** 오늘 말씀을 잘 기억하고, 하나님으로부터 시작된 사랑을 이웃 사랑까지 연결지어 삶으로 실천해 내는 우리 친구들이 되기를 축복합니다.

결단기도

사랑이신 하나님, 우리를 사랑해 주셔서 감사합니다. 오늘 말씀을 통해 하나님의 사랑을 받은 우리는 이웃도 사랑해야 함을 알았어요. 하나님이 우리에게 주신 십자가 사랑을 항상 기억하고, 이웃을 내 몸과 같이 사랑함으로써 완전한 사랑을 실천하는 우리가 되게 해주세요. 예수님의 이름으로 기도합니다. 아멘.

1과 예배 후 활동 우리의 연결고리

- 소요시간 20분
- 활동형태 대그룹 활동
- 활동의도 하나님 사랑과 이웃 사랑이 연결되어 있음을 시각적으로 학습한다.
- 준 비 물 박스, 못, 긴 붉은색 끈 뭉치, 짧은 붉은색 끈

사전준비

① 박스를 연결하여 대형 십자가를 만든다.

② 십자가 테두리를 따라 교사와 학생의 인원수만큼 못을 박아 놓는다.

③ 박스로 만든 십자가를 중심으로 교사와 학생들이 둥글게 둘러앉도록 의자를 배치한다.

④ 십자가와 의자 거리만큼의 '짧은 붉은색 끈'을 인원수만큼 준비한 다음 교사와 학생들에게 나눠준다.

⑤ 전체 인원이 연결하여 잡을 수 있는 '긴 붉은색 끈 뭉치'를 준비한다. 긴 끈은 인도자가 갖고 있다가 순서에 따라 진행한다.

<십자가 예시>

TIP

- 못에 대한 주의사항을 전달한다. 연령대가 어려 위험하다고 판단될 경우에는 못 그림을 사용하는 등 다른 방법을 고려한다.
- 붉은색 끈은 사랑, 보혈을 상징한다.
- 십자가 크기, 못의 개수, 끈의 길이는 교사와 학생 수를 고려하여 준비한다.

진행방법

① 인도자는 예배 시간에 배운 내용을 간단히 상기시킨 후 적용 활동을 설명한다.

✚ 친구들, 조금 전 말씀에서 우리는 하나님 사랑과 이웃 사랑이 연결되어 있다는 것을 배웠어요. 이 시간에는 사랑이 어떻게 연결되어 있는지 그룹 활동을 통해 눈으로 확인해 보려고 해요. 먼저, 여기에 십자가가 있습니다. 예수님이 우리의 죄를 지고 십자가에 달려 죽으심으로 목숨까지 바쳐 우리를 사랑하심을 증명하셨어요. 이 사랑은 모두에게 전해지고 있습니다. 짧은 붉은색 끈을 가지고 나와 십자가 못에 연결해 볼까요?

② 교사와 학생들은 가지고 있는 '짧은 붉은색 끈'을 십자가 못에 매듭 지어 연결한다. 그리고 끈을 잡은 채로 자리로 돌아와 앉는다.

③ 인도자는 이어서 다음 내용을 설명한다.

✚ 이처럼 예수님과 나는 사랑으로 연결되어 있습니다. 십자가와 연결된 끈을 한 손으로 잡은 채, 이제는 또 다른 끈을 연결할 거예요. 우리를 사랑하신 예수님은 말씀하셨어요. "내가 너희를 사랑한 것같이 너희도 서로 사랑하라"(요한복음 13:34). 하나님은 우리가 하나님 안에서 서로 사랑하기를 원하세요. 이웃 사랑의 끈을 연결해 봅시다. 선생님(목사님 또는 전도사님)을 시작으로 "사랑해"라고 말하며 붉은색 끈 뭉치를 오른쪽 사람에게 넘기세요. 그 끈을 받은 사람도 마찬가지로 "사랑해"라고 말하며 오른쪽 사람에게 끈 뭉치를 넘길 거예요. 그렇게 연결하며 다시 선생님(목사님 또는 전도사님)

에게 돌아오면 우리 모두가 연결된 것을 볼 수 있을 거예요. 중간에 손에서 끈을 놓지 말고 잘 잡고 있어야 해요.

④ 교사와 학생들은 오른쪽 친구에게 "사랑해"라고 말하며 끈을 이어 나간다.

(끈 뭉치를 옆 친구에게 전달한다.)

⑤ 인도자는 활동을 정리하며 마무리한다.

✚ 우리가 연결한 끈들을 한번 볼까요? 한 손은 십자가와 연결되어 있고, 다른 한 손은 이웃과 연결되어 있어요. 전체를 보면, 십자가에서 시작된 사랑의 끈이 서로 맞잡은 이웃 사랑의 끈과도 연결되어 있음을 볼 수 있어요. 우리 친구들은 하나님을 사랑한다고 하면서, 교회를 다닌다고 하면서 친구들이나 이웃을 미워하지 않기를 바라요. 하나님이 우리에게 주신 사랑은 마침내 이웃을 사랑함으로 완성됩니다. 하나님을 사랑하는 우리 친구들이 그 사랑을 바탕으로 이웃도 내 몸과 같이 사랑해 내기를 기도합니다. 오늘 배운 내용을 기억하고, 집에 가서 '가정에서 하는 활동지'로 복습해 보세요. 그리고 부록에 있는 〈자선 체크 리스트〉를 통해 지금까지 나의 자선 활동을 부모님과 함께 점검해 보세요.

2과

이 사람도 이웃인가요?

{ 자선의 대상 }

학습 개요

중심 구절 예수께서 이르시되 가서 너도 이와 같이 하라 하시니라(누가복음 10:37b)

성경 본문 누가복음 10장 25-37절

학습 목표
- 이웃 간 연대감을 증진한다.
- 소외된 다양한 이웃을 탐색한다.

학습 단계

사전 교회 앞에서 도움이 필요한 사람을 만난다면?

예배 전 소그룹 활동 나의 이웃 소개하기

예배 이웃인 줄 몰랐던 이웃

예배 후 대그룹 활동 다양한 이웃들

교사를 위한 나눔

선생님, 안녕하세요. '세상을 바꾸는 씨앗' 두 번째 시간입니다.
오늘은 소외된 사람들을 이웃으로 받아들이고,
그들의 어려움을 사랑으로 기꺼이 도와야 함을 배우게 됩니다.
아이들과 함께 드리는 예배를 기대하며 말씀과 기도로 준비해 주세요.

1. 강도 만난 사람을 보고도 그냥 지나친 사람은 누구입니까?(누가복음 10:30-32)

2. 사마리아인은 강도 만난 사람을 어떻게 대했습니까?(누가복음 10:33-35)

3. 예수님이 율법교사에게 마지막으로 당부하신 말씀은 무엇입니까?(누가복음 10:37)

1. 일반적으로 알고 있는 이웃과 성경이 말하는 이웃의 차이는 무엇입니까?

2. 소외된 이웃에게 다가가 돕기 위해 반 아이들과 함께해 볼 것이 있다면 무엇입니까?

- 가까운 이웃과 소외된 이웃 모두를 품는 우리 반이 되게 하소서.
- 예수님을 닮아 긍휼한 마음이 넘치는 우리 반이 되게 하소서.

2과 사전 활동 교회 앞에서 도움이 필요한 사람을 만난다면?

- **소요시간** 30분
- **활동형태** 히든 활동
- **활동의도** 실제로 도움이 필요한 사람을 만났을 때 학생들의 반응을 확인한다.
- **준 비 물** 교사 분장

사전준비

① 교사 한 명이 노숙자 분장을 하고 아이들이 교회로 들어오는 입구 근처에 앉는다.

<교사 분장 예시>

TIP

- 학생들이 교사임을 알아보지 못하도록 마스크, 모자 등을 활용하여 분장한다.
- 학생들이 예배 장소에 오기 위해 반드시 거쳐야 하는 길목에 자리잡는다.
- 장난스러운 분위기를 연출하지 않는다.
- 지나치게 동정심을 유발하는 모습이나 행위는 자제한다.
- 노숙자 외 다른 사례로도 분장이 가능하다.

진행방법

① 학생들이 도움이 필요한 사람을 인식하는지 살펴보기 위해, 분장한 교사는 먼저 말을 걸거나 도움을 요청하지 않는다.

② 도와주는 학생이 있다면 도움을 받는다.

③ 학생들이 도착하기 전부터 도입 활동이 끝날 때까지 진행한다.

2과 예배 전 활동 나의 이웃 소개하기

- 소요시간 10분
- 활동형태 소그룹 활동
- 활동의도 '이웃'에 대한 학생들의 사전 지식을 확인한다.
- 준 비 물 소그룹 책상 및 의자

사전준비

① 소그룹 별 책상과 의자를 세팅한다.

진행방법

① 교사는 지난 시간에 배운 내용 및 가정에서 하는 활동지를 확인한다.

✚ 친구들, 지난주에 우리가 무엇을 배웠는지 기억나는 것을 말해 볼까요? (대답을 듣는다.) 맞아요. 하나님의 사랑을 받은 우리는 이웃도 사랑해야 함을 배웠어요. '가정에서 하는 활동지'로 복습해 봤나요? 어땠는지 간단하게 나눠 볼까요? (대답을 듣는다.)

② 교사는 도입 활동을 설명한다.

✚ 오늘은 이웃이 누구인지를 생각해 볼 거예요. 우리 친구들의 이웃은 누구인가요? 손가락을 펴고 다섯 사람을 떠올려 봅시다. 그리고 선생님과 친구들에게 소개해 주세요.

③ 학생들은 다섯 명의 이웃을 떠올린다.

④ 학생들은 손가락을 하나씩 접으며 다섯 명의 이웃을 소개한다.

⑤ 교사는 학생들이 생각하고 있는 이웃의 개념을 종합하며 활동을 마무리한다.

✚ 이웃이라고 하면 대부분 학교 친구, 동네 친구, 근처에 가깝게 사는 사람들을 떠올리고 있음을 알 수 있었어요. 그런데 이웃은 가까운 사람들만 의미하는 것이 아니에요. 예배를 통해 누가 이웃인지를 배워 봅시다.

TIP

• 학생이 소개할 때, 교사와 다른 친구들은 발표를 경청한다.

2과 예배 이웃인 줄 몰랐던 이웃

- 본　　문　누가복음 10장 25-37절
- 중심구절　누가복음 10장 37b
- 소요시간　30분
- 준 비 물　설교 자료(PPT)

찬양

예수님 안에서 우리는 하나(양승헌 사/ 전종혁 곡)

난난난난 나는 나 넌넌넌넌 너는 너
바닷가의 모래알같이 난난난난
나 홀로 뿔뿔이 살지 말라고
예수님이 십자가로 우릴 묶었네
너와 나 우리는 모두 한 가족 우리는 한 가족 하나님의 가족
받아 주고 세워 주고 서로 돌보며 우리는 한 가족 하나님의 가족
사랑으로 예수님과 함께 걷는 하늘 가족

설교

친구들, 지난 시간에는 사랑이 하나님으로부터 시작되었고, 하나님의 사랑을 받은 우리는 이웃도 사랑해야 함을 배웠어요. 그렇다면 이웃은 누구일까요? '세상을 바꾸는 씨앗' 자선 교육 두 번째 시간, 오늘은 '이웃인 줄 몰랐던 이웃'이라는 말씀의 제목으로 **이웃에 대해 배워 보려고 해요.**

누가 나의 이웃인가요?

'이웃'의 사전적 의미는 가까이 사는 집이나 가까이 사는 사람을 말해요. 앞의 활동에서 소개한 이웃들을 떠올려 보면, 우리가 생각하는 이웃도 이 사전적 의미와 비슷했어요. 나와 같은 학교를 다니고, 함께 놀고, 같은 동네에 사는 사람들을 떠올렸지요. 그렇다면 **'이웃 사랑'은 이처럼 얼굴을 아는 사람, 가까이 사는 사람, 친한 사람들에게만 실천하는 것일까요?** 멀리 사는 사람 또는 내가 모르는 사람들은 나의 이웃이 아닌가요? **예수님은 오늘 말씀에 나오는 한 가지 이야기를 통해 우리 이웃이 누구인지를 명확하게 알려 주세요.** 함께 그 이야기를 들어 보아요.

사마리아인이 강도를 도와준 이유

어머! 여기 한 사람이 쓰러져 있어요. 예루살렘에서 여리고로 내려가는 험준한 길에서 강도를 만났지 뭐예요. 나쁜 강도들은 이 사람의 옷을 빼앗고 마구 때렸어요. 그러고는 너무 많이 맞아서 거의 죽게 된 이 사람을 그 자리에 내버려두고 도망가 버렸어요. "도와주세요, 도와주세요." 이 사람은 그 자리에 쓰러지고 말았어요.

그때 마침, 한 제사장이 그 길을 지나가게 되었어요. "어이쿠, 이게 뭐야! 어휴, 강도를 만났나 보군. 죽은 것 같기도 하고…. 불쌍하지만, 손에 피가 묻으면 정결하지 못하니 그냥 가야겠어." 길을 가던 제사장은 쓰러진 이 사람을 피해 지나가 버렸어요.

잠시 후, 레위 사람이 지나갔어요. "아니, 이런. 강도를 만났나 보군. 도와주고 싶지만, 난 얼른 가서 예배 준비를 해야 해. 시간이 없으니 어서 가야겠어!" 그렇게 레위인도 쓰러진 사람을 보고 그냥 지나가 버렸어요.

세 번째로 어떤 사마리아 사람이 그곳을 지나가게 되었어요. "아니, 저게 뭐지? 이런, 강도를 만났나 보군. 이렇게 두었다가는 죽을지도 몰라. 여보세요, 괜찮으세요? 정신 차려 보세요!" 사마리아인은 쓰러진 사람에게 다가가 상처를 소독하고 옷을 벗어 감싸 주었어요. 그리고 그 사람을 길에 내버려두지 않고, 자기의 말에 태워 가까운 여관으로 데려가 보살폈어요. 다음 날, 사마리아 사람은 자기가 가진 돈을 여관 주인에게 주며 부탁했어요. "이 사람이 회복할 때까지 잘 돌봐 주세요. 만약 비용이 더 필요하면 제가 돌아오는 길에 들러 더 드리겠습니다."

이 이야기를 들려주신 예수님은 질문하셨어요. "누가 강도 만난 사람의 이웃이 되어 주었느냐?" 여러분은 제사장, 레위인, 사마리아인 중에 누가 도움이 필요한 사람의 이웃이 되어 주었다고 생각하나요? 맞아요. 하나님을 가장 사랑한다고 자부했던 제사장도, 레위인도 아니었지요. 바로 사마리아인이에요.

사마리아인은 강도 만난 사람을 그날 처음 봤어요. 원래 아는 사람도 아니었고, 가까운 동네에 사는 사람도 아니었죠. 심지어 당시 이스라엘과 사마리아 사람들은 사이가 좋지 않았기 때문에, 서로 이웃이라고 생각하기는커녕 같이 어울리고 싶어 하지도 않았어요. 그런데 사마리아인은 왜 강도 만난 사람을 도와줬을까요? **사마리아인은 나와 친한 사람 또는 나와 같은 나라 사람만 이웃이라고 생각하지 않았기 때문이에요. 그는 모든 사람을 이웃이라고 생각했어요. 그리고 어려운 이웃을 못 본 체**

하지 않고 사랑의 마음으로 도와주었어요.

너도 이와 같이 하라

예수님은 오늘 말씀을 통해, "너도 이와 같이 하라"고 말씀하세요. 우리는 이웃을 정할 때 다양한 기준을 세워요. 어느 지역에 사는지, 어떤 학교에 다니는지, 어떤 교회를 다니는지 등등. 그러나 앞서 살펴본 것처럼 나와 같은 학교를 다니고, 같은 동네에 살고, 나와 함께 놀고, 나와 같은 형편인 사람들만 우리의 이웃이 아니에요. 피부색이 다르고, 언어가 다르고, 살아 온 역사적 배경과 문화가 달라도 이 땅을 살아가는 모든 사람이 우리의 이웃이에요. 하나님은 세상 모든 사람들을 하나님의 자녀로 지으셨고, 모두에게 가족과 같이 서로를 돌볼 책임을 주셨어요(사도행전 17:26). 그래서 도움이 필요한 사람이 있다면, 그가 누구든 기꺼이 도와줘야 해요.

예수님도 누구에게나 그렇게 하셨어요. 비록 친하지 않은 사람일지라도, 다른 나라 사람일지라도 슬퍼하는 사람에게는 마음으로 같이 슬퍼하며 위로해 주셨고, 아픈 사람을 만나면 같이 아파하는 마음으로 병을 고쳐 주셨으며, 배고픈 사람에게는 같이 고통받는 마음으로 먹을 것을 나눠 주셨어요. 그리고 그들에게 다가가서 함께 어울리며 이웃 사랑을 실천하셨어요.

이 땅을 살아가는 모두가 이웃이에요

친구들, 우리 모두는 이 땅에서 이웃이라는 관계를 맺으며 살아가고 있어요. 태어난 곳이 달라도, 나라가 달라도, 피부색이 달라도, 환경과 처지가 달라도 우리 모두는 이웃이에요. 그래서 우리가 사는 이 땅은 이웃에게 어려움이 있을 때 서로서로 도와주는 공동체예요. 이처럼 모두를 이웃이라고 생각한다면, 내 동생이 먹을 것이 없어 배고파할 때 내 마음이 아픈 것처럼, 저 지구 반대편에 사는 아이가 먹을 양식이 없어 배고파 할 때도 내 마음이 아플 거예요. 이 땅에는 도움이 필요한 이웃들이 많아요. 몸이 불편한 사람, 부모님이 없는 아이, 집이 없는 사람, 배고픈데 양식이 없는 사람 등등. 알지 못하는 사람이라서, 친해지고 싶지 않아서, 나와 다른 모습이라는 이유로 이웃이 아니라고 선을 긋고 돌보지 않는다면, 이웃 사랑을 실천할 수 없어요. **성경에서 말하는 이웃 사랑은 도움이 필요한 어느 누구에게든지 가리지 않고, 기꺼이 사랑으로 돕는 것이에요. 이것이 곧 자선이에요.**

만약 내가 어려움을 겪고 있다면 어떨까요? 내가 누군가를 도와주었던 것처럼 또 다른 이웃이 나에게 자선을 베풀어 줄 거예요. 이처럼 우리가 도움이 필요한 이웃에게 자선을 베풀 듯이, 우리가 어려울 때 이웃이 자선을 베풀어 도움을 받을 수도 있어요. 고린도후서 8장 14절은 내가 넉넉할 때는 부족한 사람을 채워 주고, 내가 부족할 때는 넉넉한 사람의 도움을 받으며 함께 살아가는 법에 대해 말씀하세요. 그렇게 서로가 서로에게 도움을 주고 이웃이 되어 주면 이 땅에 하나님나라를 이뤄갈 수 있어요.

마무리

사랑하는 친구들, 오늘 말씀의 제목처럼 우리 주변에도 이웃인 줄 몰랐던 이웃들이 있을 거예요. 이 땅을 살아가는 모두가 우리의 이웃이에요. 그래서 우리는 어려운 이웃에게 관심을 가져야 하고, 도움을 주어야 해요. 아까 교회에 들어오면서 혹시 도움이 필요해 보이는 사람을 보았나요? (대답을 듣는다.) 교회 앞에 노숙자 한 분이 앉아 계셨어요. 사실 이 분은 노숙자로 분장한 선생님이에요. 과연 우리 친구들은 이 노숙자 분을 이웃이라고 생각할까 궁금했어요. 혹시 이분에게 작은 것이라도 도움을 준 친구가 있었나요? 어떤 도움을 주었나요? (대답을 듣는다.) **강도 만**

난 이웃을 도와준 사마리아인처럼 우리도 선을 행해야 해요. 아프고 가난한 이웃에게 다가가 사랑을 베푸신 예수님처럼, 우리 친구들도 어려운 이웃에게 따뜻한 도움을 주면 좋겠어요. "너도 이와 같이 하라"고 하신 예수님 말씀을 기억해요. 그렇게 한다면, 하나님이 그 모습을 보시고 정말 기뻐하실 거예요. 우리 친구들 모두 '자선'을 통해 이웃 사랑을 실천하기를 축복합니다.

결단기도

사랑의 하나님, 오늘 말씀을 통해 이 땅을 살아가는 우리 모두가 하나님 안에서 이웃으로 살아가고 있음을 배웠습니다. 저희도 어려운 이웃을 못 본 체하지 않겠습니다. 우리 주변에 도움이 필요한 이웃을 발견하게 해주시고, 강도 만난 이웃을 도왔던 사마리아인처럼, 또 많은 소외된 이웃에게 자선을 베푸신 예수님처럼 우리도 자선을 베풀 수 있도록 인도해 주세요. 예수님의 이름으로 기도합니다. 아멘.

2과 예배 후 활동 다양한 이웃들

- **소요시간** 20분
- **활동형태** 대그룹 활동
- **활동의도** 도움이 필요한 이웃을 다양하게 탐색하며 이웃의 범위를 확장한다.
- **준 비 물** 학생용 워크북(p. 32), 스마트폰, 이웃 게시판, 필기도구, 가위, 풀 또는 테이프

사전준비

① 이웃 게시판을 준비하고, 벽 한쪽에 붙인다.

<이웃 게시판 예시>

② 학생용 워크북 및 그 외 물품들을 준비한다.

진행방법

① 인도자는 예배 시간에 배운 내용을 간단히 상기시킨 후 적용 활동을 설명한다.

✚ 친구들, 예배 시간에 모든 사람은 하나님 안에서 이웃이고, 도움이 필요한 이웃을 기꺼이 도와야 한다고 배웠어요. 이 시간에는 이웃인 줄 몰랐던 우리의 이웃에 대해 더 많이 알아보려고 해요. 성경에서 본 강도 만난 사람 외에도 우리 주변에는 도움이 필요한 이웃이 정말 많아요. 스마트폰을 활용하여 도움이 필요한 다양한 이웃들을 찾아보세요. 그리고 학생용 워크북 부록의 '2과 이웃카드'에서 선생님과 친구들에게 그 이웃을 소개하는 카드를 작성해 보세요. 작성한 카드를 가위로 오려서 앞에 있는 이웃 게시판에 붙여 봅시다.

② 학생들은 스마트폰을 활용하여 도움이 필요한 이웃의 사례를 탐색하고, 학생용 워크북에 있는 이웃카드에 내가 찾은 이웃을 소개하는 내용을 작성한다.

예) 길에서 노숙하는 아저씨, 전쟁 때문에 난민이 된 8세 아이, 오염된 강물을 마시는 아이들, 시각장애인 학생, 학교/가정폭력 피해 아동, 버려진 아기, 집에서 혼자 누워 지내는 몸이 아픈 할머니 등

③ 인도자는 활동을 정리하며 마무리한다.

✚ 우리 친구들이 다양한 이웃들을 많이 찾았네요. 함께 살펴볼까요? (학생들이 적은 이웃들 중 몇 개를 골라 읽는다.) 우리는 오늘 어려움을 겪는 다양한 이웃들과 그들에게 필요한 도움이 무엇인지도 생각해 보았어요. 이 외에도 여러 어려움에 처해 있는 이웃들이 많이 있습니다. 이들은 모두 여러분의 이웃인가요? 네. 이들을 나와 관련이 없다고 생각하고 외면하는 것이 아니라, 오늘 말씀처럼 이들을 이웃으로 여기고 도와야 합니다. 도움이 필요한 사람들에게 관심을 갖고, 어떻게 도울 수 있을까 고민하는 우리 친구들이 됩시다. 오늘 배운 내용을 기억하고, 집에 가서 '가정에서 하는 활동지'로 복습해 보세요.

TIP

- 스마트폰을 지참하지 않은 경우에는 짝 또는 그룹으로 진행할 수 있다.
- 학생들이 이웃의 사례를 다양하고 구체적으로 찾을 수 있도록 지도한다.
- 학생 수가 많은 경우에는 소그룹 활동으로 진행할 수 있다.

3과

어떤 태도로 도와야 하나요?

{ 자선의 태도 }

학습 개요

중심 구절 네가 밭에서 곡식을 벨 때에 그 한 뭇을 밭에 잊어버렸거든 다시 가서 가져오지 말고 나그네와 고아와 과부를 위하여 남겨두라 그리하면 네 하나님 여호와께서 네 손으로 하는 모든 일에 복을 내리시리라(신명기 24:19)

성경 본문 신명기 24장 19-22절

학습 목표
- 성경 속 자선의 바른 태도를 이해한다.
- 자선의 마음가짐과 태도를 점검한다.

학습 단계

예배 전 소그룹 활동 내가 구덩이에 빠진 사람이라면?

예배 위하여 남겨 두라

예배 후 대그룹 활동 '너'가 되는 의자

교사를 위한 나눔

선생님, 안녕하세요. '세상을 바꾸는 씨앗' 세 번째 시간입니다.
오늘은 자선을 행할 때 지녀야 할 태도로 배려, 겸손, 넉넉함, 감사 등을 배우게 됩니다.
아이들과 함께 드리는 예배를 기대하며 말씀과 기도로 준비해 주세요.

1. 추수 후에는 누구를 배려해야 합니까?(신명기 24:19)

2. 남겨 둔 곡식은 어떻게 쓰여야 합니까?(신명기 24:19-21)

3. 이스라엘 백성이 기억해야 할 것은 무엇입니까?(신명기 24:22)

1. 소외된 이웃과 마주치게 되면 주로 어떤 태도를 보였습니까?

2. 내가 하나님께 보살핌을 받은 경험이 있다면 무엇입니까?

- 인색하거나 교만하지 않게 서로 배려하며 나누는 우리 반이 되게 하소서.
- 하나님의 은혜를 잊지 않고, 감사함으로 살아가는 우리 반이 되게 하소서.

3과 예배 전 활동 내가 구덩이에 빠진 사람이라면?

- **소요시간** 10분
- **활동형태** 소그룹 활동
- **활동의도** 두 가지 상황을 통해 바르게 돕는 태도가 무엇인지 생각해 본다.
- **준 비 물** 학생용 워크북(p. 42-43), 소그룹 책상 및 의자, 필기도구

사전준비

① 소그룹 별 책상 및 의자를 세팅한다.

② 학생용 워크북 및 필기도구를 준비한다.

진행방법

① 교사는 지난 시간에 배운 내용 및 가정에서 하는 활동지를 확인한다.

✚ 친구들, 지난주에 우리가 무엇을 배웠는지 기억나는 것을 말해 볼까요? (대답을 듣는다.) 맞아요. 이 땅을 살아가는 우리 모두가 이웃이고, 그중 어려운 이웃에게 관심을 갖고 도와야 함을 배웠어요. '가정에서 하는 활동지'로 복습해 봤나요? 어땠는지 간단하게 나눠 볼까요? (대답을 듣는다.)

② 교사는 도입 활동을 설명한다.

✚ 오늘은 이웃을 도울 때 필요한 태도를 생각해 볼 거예요. 학생용 워크북을 보면 두 가지 상황 그림이 있어요. 그림을 보고 어려운 이웃을 도울 때 필요한 태도는 무엇인지 여러분의 생각을 적어 보세요. 구덩이에 빠진 사람의 입장에서 생각해 보면 더 쉽게 떠오를 수 있을 거예요.

③ 학생들은 교재의 그림을 보고 어려운 이웃을 도울 때 필요한 태도가 무엇인

지 적어 본다.

④ 학생들은 적은 내용을 교사 및 친구들과 나눈다.

⑤ 교사는 활동을 정리하며 마무리한다.

✚ 자선을 실천할 때 중요한 태도 중 하나는 '공감'입니다. '공감'이란 다른 사람의 입장이 되어 보고 자신도 그렇게 느끼는 것을 의미해요. 두 가지 그림 중 어느 것이 '공감'을 나타낼까요? 맞아요. 두 번째 그림이에요. 그림을 보면, 구덩이에 빠진 사람을 보고 직접 구덩이로 내려가 그 사람이 처한 상황과 마음에 공감하고 있어요. 여기서 말하는 공감은 그 사람이 겪는 어려움을 나도 겪어야 한다는 의미가 아니에요. 희귀병 환자를 이해하기 위해 나도 희귀병에 걸려야만 하는 것은 아니니까요. 다만 상대방의 입장이 되어 생각해 보는 것을 말해요. '만약 내가 그 사람이라면 어떨까? 그런 상황에서는 어떤 도움이 필요할까?' 등 그의 마음을 헤아려 보고 그에게 필요한 도움이 무엇일지 찾아보는 것이죠. 반대로, 첫 번째 그림은 어떤 태도를 말하는 것일까요? 이것은 '동정' 또는 '연민'의 태도라고 할 수 있어요. 어려운 상황에 처한 사람을 불쌍히 여기는 마음을 의미해요. 이것이 나쁜 태도라고 할 수는 없어요. 다만 불쌍히 여기는 마음에는 '나는 그렇지 않은데, 너의 상황은 어렵구나'라는 뉘앙스가 포함되어 있어요. 구덩이에 빠진 사람을 불쌍히 여기고 안타까워하지만, 구덩이 안으로 내려가지 않는 첫 번째 그림처럼 말이에요. 그래서 '동정' 또는 '연민'의 태도로 돕는다면, 어려움에 처한 사람이 자신의 상황을 잘 이겨 내려는 용기를 갖기보다는 남들보다 더 불행하고 슬픈 상황에 자신이 처해 있다고 여기고 절망할 수 있어요. 또는 도움을 받는 사람이 불쌍한 대우를 받는 것을 원치 않을 수도 있지요. 그렇기 때문에 때로는 '동정' 또는 '연민'의 태도가 어려움에 처한 사람에게 상처를 주기도 해요.
그렇다면 성경에서는 어떤 태도로 도우라고 말하고 있을까요? 오늘 예배를 통해 자선의 바른 태도를 함께 배워 봅시다.

TIP

• 학생이 소개할 때, 교사와 다른 친구들은 발표를 경청한다.

3과 예배 위하여 남겨 두라

- 본 문 신명기 24장 19-22절
- 중심구절 신명기 24장 19절
- 소요시간 30분
- 준 비 물 설교 자료(PPT)

찬양

하나님의 눈으로(김우진 사/ 오여나 곡)

하나님의 눈으로 이 세상을 보아요
모든 것이 아름다워 온 세상 사랑스럽죠
하나님의 맘으로 이 세상을 품어 봐요
모든 사람 소중하고 모든 영혼 사랑해요
느껴봐요 주님 내게 주신 사랑
그분의 눈으로 그분의 마음으로
바꿔가요 주님 내게 주신 세상
그분의 손으로 그분의 사랑으로

설교

친구들, 지난 시간에는 '이웃'에 대해 생각해 보았어요. 피부색이 다르고, 언어가 다르고, 살아 온 역사적 배경과 문화가 달라도 이 땅을 살아가는 우리 모두가 하나님 안에서 '이웃'이지요. 그래서 어려운 사람을 이웃으로 여기고 기꺼이 도와야 함을 배웠어요. 이처럼 누군가를 돕는 것은 참 귀한 일이에요. 그런데 **자선을 실천할 때도 바른 모습이 있고, 그렇지 못한 모습이 있대요. 과연 바른 모습은 무엇일까요?** '세상을 바꾸는 씨앗' 자선 교육 세 번째 시간, 오늘은 '위하여 남겨 두라'라는 말씀의 제목으로 자선을 할 때 필요한 마음가짐과 태도를 배워 보려고 해요.

이삭 줍는 사람들을 위하여

먼저 그림을 볼까요? (<이삭 줍는 여인들>그림을 함께 보며) 이 사람들은 무엇을 하고 있는 것처럼 보이나요? (대답을 듣는다.) 네, 무언가를 줍고 있어요. 곡식을 줍고 있는 것 같네요. 이 작품은 프랑스 화가 밀레의 <이삭 줍는 여인들>이에요. '이삭'은 쌀이나 벼, 보리와 같은 곡식 열매가 많이 달린 부분이나 농작물을 거두고 난 뒤 흘린 낟알을 말해요. 당시 가난한 사람들은 양식을 구하기 위해 밭으로 가곤 했어요. 곡식을 추수한 후 밭에 남아 있는 이삭을 줍기 위해서였죠. 그림에서 보이는 사람들은 다른 가난한 사람들보다 훨씬 더 가난했는데, 이런 사람들은 오늘 배울 성경에도 나와요. 다음 말씀을 함께 읽어 볼까요?

"밭에서 추수할 때에 곡식 한 다발을 잊어버리고 왔더라도 돌아가서 다시 가져오지 마시오. 외국인과 고아와 과부가 가지게 내버려 두시오. 그러면 여러분의 하나님 여호와께서 여러분이 하는 모든 일에 복을 주실 것이오"(신명기 24:19, 아가페 쉬운성경).

여기에서 나오는 외국인, 즉 집이 없는 '나그네'와 부모가 없는 '고아', 남편이 없는 '과부'들은 사회에서 가장 가난한 사람들이었어요. 이들은 농사를 지을 땅이나 곡물, 돈이 없었기 때문에, 남들이 추수하고 난 뒤 떨어져 남아 있는 이삭들을 주워 끼니를 해결해야 했어요. **하나님은 이스라엘 백성에게 이들을 도와야 함을 여러 차례 말씀하셨는데, 특히 오늘 말씀에서는 이들을 도울 때 필요한 마음가짐과 태도가 있음을 알 수 있어요.** 거기에는 모두 네 가지가 있는데, 이제 하나하나 살펴보도록 해요.

도움 받는 사람의 입장을 헤아려요

첫 번째, 도움 받는 사람의 입장을 헤아리는 태도예요. 오늘 성경에서는 '나그네, 고아, 과부를 위하여 남겨 두라'라는 말씀이 여러 번 나와요. 그런데 **하나님은 왜 그들을 위하여 '주라'라고 말씀하지 않으시고, 그들을 위하여 '남겨 두라'라고 말씀하셨을까요?** 바로 그 사람들의 입장을 생각해 보고 배려하라는 뜻에서예요. 양식을 구하기 위해서는 "저에게 먹을 것을 좀 주시겠어요? 저를 좀 도와주세요" 하고 구걸해야 해요. 만약 여러분이라면, 쉽게 도움을 요청할 수 있을까요? 어려울 거예요. 거절당할지도 모른다는 두려움도 있을 것이고, 나의 처지가 누군가에게 알려진다는 부끄러움도 있을 거예요. 그렇지만 하나님이 말씀하신 것처럼 먹을 것을 남겨 둔다면, 다른 사람의 눈치를 보지 않고 부끄럽지 않게 필요한 것을 가져갈 수 있겠지요. 하나님은 도움을 받는 사람들의 처지와 마음을 헤아려야 함을 알려 주고 계세요. 그러므로 누군가를 도울 때는 도움 받는 사람의 입장을 먼저 생각하는 것이 중요해요. 그것이 바로 예배 전 활동에서 우리가 살펴 본 '공감'의 태도입니다. 그 사람이 힘들어하는 것이 무엇인지, 어떤 것을 필요로 하는지 등 도움 받는 상대방의 형편과 마음을 헤아리지 않는다면, 진정한 도움이라고 할 수 없답니다.

자랑하지 않아요

두 번째, 자랑하지 않는 태도예요. 본문 속 '남겨 두라'라는 말씀에는 상대방이 부끄럽지 않게 배려하는 것 외에도 몰래 돕는 행동도 담겨 있어요. 예수님이 "오른손이 하는 것을 왼손이 모르게"(마태복음 6:3) 하라고 말씀하셨는데, 자선을 실천할 때 왜 몰래 해야 할까요? 그렇다면 연예인이나 유명인들이 SNS에 기부했다는 사실을 알리거나, '기부 챌린지'와 같이 어려운 이웃을 돕기 위한 행사를 홍보하는 것은 잘못된 것일까요? 그렇지 않아요. 더 많은 사람이 자선에 함께 참여하도록 독려하기 위함이기 때문에 잘못된 것이 아니에요. 여기서 말하는 '몰래 하는 것'은 누군가를 도우면서 나의 멋짐을 뽐내지 않는 태도를 말해요. "나니까 너 도와주는 거야", "나 기부했어요. 나 이렇게 착한 사람이에요", "다른 사람을 도울 수 있을 정도로 돈이 많아요"와 같이 누군가를 돕는 일로 나를 자랑하는 것은 올바른 자선의 태도가 아니에요. 하나님 앞에서 더 잘난 사람, 더 못난 사람은 없어요. 모두가 평등해요. 자선은 내가 남보다 우월해서가 아니라 모두가 하나님의 귀한 자녀이고 이웃이기 때문에 하는 것이에요. 따라서 우리는 자선을 행할 때 자랑하지 않아야 해요.

아까워하지 않아요

세 번째, 아까워하지 않는 태도예요. 친구들, 밥 먹기 전에 하나님께 뭐라고 기도하나요? "일용할 양식을 주신 하나님 감사합니다"라고 기도하지요. 우리에게 먹을 것과 입을 것을 주신 분은 하나님이에요. 하지만 하나님이 오직 나만을 위해 주신 것이 아니에요. 하나님이 주신 것에는 어려운 사람들을 도우라고 맡겨 주신 분량이 들어 있어요. 오늘 말씀을 보면 하나님이 나에게 주신 것들 중 일부를 나그네, 고아, 과부를 위해 남겨 두라고 말씀하고 계세요. 나의 땅에서 수확한 곡식과 열매는 다 나의 것이라고 생각하기 쉬워요. 또 내가 가진 모든 것이 하나님이 나에게만 주신 것이라고 생각하기 쉬워요. 하지만, **자선은 내 것을 나누는 것이라기보다 하나님이 어려운 사람들을 도우라고 나에게 맡겨 주신 분량을 나눠주는 것이에요.** 이 분량은 원래 나의 것이 아니지요. 그래서 우리는 자선을 실천할 때 아까워하거나 인색하게 굴지 말아야 해요. 나의 것이 아까워 어려운 사람들에게 나눠주지 않으면, 우리는 하나님이 다른 사람을 도우라고 주신 분량까지 움켜쥐는 것이랍니다.

감사함으로 도와요

마지막 네 번째, 감사하는 마음을 갖는 태도예요. 만약, 집이 없어 길거리에서 추위에 떨고 있을 때 누군가가 따뜻한 손난로를 건네준다면 어떨까요? 또는 잘 수 있는 따뜻한 곳을 마련해 준다면 어떨까요? 평생 고마움을 기억하며 살아가겠지요. 이스라엘 백성도 어려움을 당해 도움이 필요했던 때가 있었어요. 애굽에서 430년이나 살았지만 그곳이 내 집 같지 않았어요. 애굽 사람들은 이스라엘 사람들을 이웃으로 받아 주지 않았고, 힘든 일을 시키며 괴롭혔어요. 하나님은 이스라엘 사람들의 고난과 힘듦을 보셨고, 이스라엘 사람들이 애굽에서 탈출할 수 있도록 도와주셨어요. 그리고 광야 생활을 할 때도 하나님은 이스라엘 백성이 어려움이 있을 때마다 보살펴 주셨어요. 낮에 햇볕이 뜨거우니까 구름기둥으로 보호해 주시고, 밤에는 추우니까 불기둥으로 지켜 주셨어요(출애굽기 13장). 백성이 배고픔에 허덕일 때는 메추라기와 만나를 보내 주셨지요(출애굽기 16장). **오늘 본문에 나오듯이 하나님은 이스라엘 백성에게 "너는 애굽 땅에서 종 되었던 것을 기억하라"(신명기 24:22)라고 말씀하셨어요. 도우셨던 하나님의 은혜를 이스라엘 백성이 기억하고, 감사한 마음으로 어려움을 겪는 다른 사람들을 도우라고 알려 주신 거예요.**

오늘날 우리도 마찬가지예요. 하나님은 우리를 항상 지키며 보호하시고, 우리가 어려움에 처할 때 도와주세요. 우리 역시 하나님의 은혜를 입은 사람들이에요. **우리가 어려운 이웃을 돕는 것은 우리를 항상 도와주시는 하나님의 사랑에 대한 감사함의 표현이라고 할 수 있어요.** 그래서 우리는 항상 하나님께 감사하는 마음으로 자선에 힘써야 해요.

마무리

우리가 방금 배운 네 가지 태도를 다시 기억해 볼까요? 자선을 실천할 때는 도움을 받는 사람이 부끄럽지 않게 배려해야 하고, 내가 돕는다고 자랑하지 않아야 하며, 하나님이 어려운 사람을 도우라고 주신 분량을 전하는 것이기 때문에 나의 것을 아까워하지 않아야 해요. 마지막으로 하나님의 은혜를 기억하고 다른 사람을 도울 수 있음에 감사해야 해요. **앞으로 자선을 실천할 때마다 우리의 마음가짐이 오늘 이 말씀으로부터 멀어지지 않았는지를 늘 확인하고 점검하길 바랍니다.** 우리가 바른 태도로 자선을 베풀 때, 사람들은 우리를 통해 하나님을 보게 될 거예요(마태복음 5:16). 오늘 말씀을 꼭 기억하고, 여러분의 자선의 행동이 하나님께는 영광, 땅에는 평화로 맺어지기를 소망합니다.

결단기도

사랑의 하나님, 오늘 말씀을 통해 자선을 베풀 때 필요한 태도를 배웠습니다. 우리가 도움 받는 사람을 배려하고, 자랑하지 않으며, 나눠주는 것을 아까워하지 않고, 하나님께 감사하는 마음으로 자선을 실천할 수 있도록 인도해 주세요. 그래서 우리가 올바르게 자선을 행함으로 주님께는 영광, 이 땅에는 평화를 전할 수 있게 해 주세요. 예수님의 이름으로 기도합니다. 아멘.

3과 예배 후 활동　'너'가 되는 의자

- **소요시간** 20분
- **활동형태** 대그룹 활동
- **활동의도** 도움 받는 사람의 입장을 생각해 보고, 자선을 실천할 때 필요한 태도를 구체적으로 적용해 본다.
- **준 비 물** 의자(모든 인원수만큼), 천 또는 방석 1개

사전준비

① 교사 및 학생들이 둥글게 둘러앉도록 의자를 배치한다.

② 의자 중 하나는 '너'가 되는 의자로 사용될 예정이며, 다른 의자들로부터 분리되어 보일 수 있도록 천 또는 색깔이 다른 방석을 배치한다.

진행방법

① 인도자는 예배 시간에 배운 내용을 간단히 상기시킨 후 적용 활동을 설명한다.

✚ 친구들, 조금 전 말씀에서 우리는 이웃을 도울 때 필요한 마음가짐과 태도들을 배웠어요. 이 시간에는 '너'의 입장에서 도움을 받는 사람에게 어떤 말을 들었을 때 도움이 되고, 위로가 될지를 한번 생각해 보려고 해요. 여기에 다른 색으로 표시된 의자가 하나 있어요. 이 의자에는 딱 한 사람만 앉을 수 있습니다. 이곳에 앉는 순간 그 사람은 선생님이 제시하는 '이웃'으로 변신하게 돼요. 이 의자에 앉지 않은 다른 사람들은 의자에 앉은 이웃에게 어떤 말을 할 것입니다. 그 말을 들은 이 이웃의 마음을 살펴봅시다.

② 학생들 중 이웃 역할을 할 사람을 지원받아 그중 한 명을 뽑는다. 그 학생은 '너'가 되는 의자에 앉는다.

③ 인도자는 그 학생에게 한 이웃을 설정해 준다.

예) 장애인, 노숙자, 소년소녀가장, 독거노인 등

✚ 지금부터 이 학생은 ○○○이 됩니다. 자신이 그 사람이라 생각하고, 다른 사람들의 이야기를 들어 보세요. 다른 친구들은 이제 1분 동안 이 이웃에게 상처되는 말을 얘기해 보세요. 이 이웃을 향해 떠오르는 대로 자유롭게 던지면 됩니다.

④ 모든 학생이 이웃에게 1분 동안 '상처 되는 말'을 떠오르는 대로 자유롭게 말한다.

예) 진짜 불쌍하다. 돈이 없어서 먹지도 못한대. 저 사람은 평생 저렇게 살 거야. 저 사람은 가난을 벗어나지 못할 거야. 나는 저렇게 살고 싶지 않아. 저 사람과 어울리고 싶지 않아 등

⑤ 인도자는 이웃 역할을 맡은 학생에게 말을 들은 뒤 마음이 어떤지 물어본다.

✚ 이야기를 들은 당신의 마음은 어떤가요?(역할을 맡은 학생의 대답을 듣는다.) 어떤 이야기를 해주면 힘이 나고 고마울 것 같은가요? (역할을 맡은 학생의 대답을 듣는다.) 자, 반대로 지금부터는 1분 동안 이 사람에게 '힘이 되는 말'을 해봅시다. 이웃을 향해 떠오르는 대로 자유롭게 말해 주세요.

⑥ 이번에는 모든 학생이 이 이웃에게 1분 동안 '힘이 되는 말'을 떠오르는 대로 자유롭게 말한다.

예) 많이 힘드시죠? 제가 같은 상황에 처했다면 저도 그렇게 느낄 거예요. 도움이 필요하면 언제든 말씀해 주세요. 당신은 사랑받기 위해 태어난 사람이에요. 당신은 정말 아름답고 소중해요. 원하시면 제가 옆에 있어 드릴게요. 제가 당신을 위해 기도할게요. 당신의 꿈을 응원해요 등

⑦ 인도자는 이웃 역할을 맡은 학생에게 말을 들은 뒤 마음이 어떤지 물어본다.

⑧ 시간을 고려하여 활동 ②에서⑦까지를 반복한다.

⑨ 인도자는 활동을 정리하며 마무리한다.

✚ 활동을 해보고 느낀 점은 무엇인가요? (모든 학생의 대답을 듣는다.) 하나님이 우리에게 가르쳐 주신 자신의 태도들을 기억하고, 항상 상대방의 입장을 생각하며 자선을 행해야 합니다. 그렇게 하면, 도움 받는 사람도, 도움 주는 사람도 기쁨을 누릴 수 있을 거에요! 오늘 배운 내용을 기억하고, 집에 가서 '가정에서 하는 활동지'로 복습해 보세요.

TIP

- 이웃 역할은 저학년이 맡을 경우 몰입도가 과할 수 있으므로 고학년에게 맡기는 것이 좋다.
- 이웃 설정 시 구체적인 상황을 제시해도 좋다.
- 교사들도 활동에 참여하여 학습에 동참하는 분위기를 형성하는 것이 좋다.

4과

무엇으로 도울 수 있나요?

{ 자선의 방법 1 }

학습 개요

중심 구절 이제 너희의 넉넉한 것으로 그들의 부족한 것을 보충함은 후에 그들의 넉넉한 것으로 너희의 부족한 것을 보충하여 균등하게 하려 함이라(고린도후서 8:14)

성경 본문 고린도후서 8장 1-15절

학습 목표
- 물질 기부의 다양한 방법 및 경로를 탐색한다.
- 개인별 물질 기부의 실천 방안을 모색한다.

학습 단계

예배 전 **대그룹 활동** 물질적 자선 사례 영상 시청

예배 슬기로운 기부 생활

예배 후 **대그룹 활동** 자선 단체 박람회

교사를 위한 나눔

선생님, 안녕하세요. '세상을 바꾸는 씨앗' 네 번째 시간입니다.
오늘은 물질 기부를 통해 소외된 이웃을 돕는 방법에 대해 배우게 됩니다.
아이들과 함께 드리는 예배를 기대하며 말씀과 기도로 준비해 주세요.

1. 하나님은 심는 자에게 무엇을 주십니까?(고린도후서 9:10)

2. 연보(구제 헌금)를 드리면, 하나님께 어떤 결과가 있습니까?(고린도후서 9:12-13)

3. 연보(구제 헌금)를 드리면, 성도들은 무엇을 얻게 됩니까?(고린도후서 9:14)

1. 내가 가진 물질을 소외된 이웃을 위해 나누고 있습니까?

2. 우리 반 아이들과 함께 물질 기부에 도전할 방법이 있다면 무엇입니까?

- 내가 가진 물질이 하나님의 소유임을 인정하는 우리 반이 되게 하소서.
- 어려운 이웃에게 기쁜 마음으로 물질을 나누는 우리 반이 되게 하소서.

4과 예배 전 활동 물질적 자선 사례 영상 시청

- 소요시간 10분
- 활동형태 대그룹 활동
- 활동의도 물질적 자선의 실제 사례들을 보고, 구체적인 자선 방법을 미리 살펴본다.
- 준 비 물 스크린, 노트북/PC, 영상파일 2개

사전준비

① 물질적 자선의 예시 영상을 두 개 준비한다. 하나는 또래 초등학생의 기부 사례, 또 다른 하나는 오랫동안 자선을 이어 온 어른의 기부 사례로 선택한다.

→ '게임기 사려고 모은 돈을 기부한 초등학생 형제' 뉴스 보도(MBC 뉴스투데이 제공)

→ '전 재산 400억을 학교에 기부한 한 부부의 이야기' 애니메이션(행정안전부 제공)

② 영상을 함께 시청할 스크린을 준비한다.

TIP

• 5분 이내의 다른 자선 예시 영상들을 활용해도 좋다.

진행방법

① 인도자는 지난 시간에 배운 내용 및 가정에서 하는 활동지를 확인한다.

✚ 친구들, 지난주에 우리가 무엇을 배웠는지 기억나는 것을 말해 볼까요? (대답을 듣는다.) 맞아요. 도울 때 필요한 바른 마음가짐과 태도에 대해 배웠어요. '가정에서 하는 활동지'로 복습해 봤나요? 어땠는지 간단하게 나눠 볼까요? (대답을 듣는다.)

② 교사는 도입 활동을 설명한다.

✚ 오늘은 돕는 구체적인 방법들을 살펴볼 거예요. 다음 영상을 함께 봅시다.

③ 학생들은 영상을 시청한다.

④ 인도자는 영상의 내용을 정리하며 활동을 마무리한다.

✚ 영상을 보고 무엇을 느꼈나요? (대답을 듣는다.) 영상에서 말하는 구체적인 방법은 무엇이었나요? (대답을 듣는다.) 하나님은 어려운 이웃을 돕는 구체적인 방법들을 성경을 통해 알려 주셨어요. 오늘 예배를 통해 배워 봅시다.

4과 예배

슬기로운 기부 생활

- 본　　문　고린도후서 8장 1-15절
- 중심구절　고린도후서 8장 14절
- 소요시간　30분
- 준 비 물　설교 자료(PPT), 빵, 만 원 지폐, 약

찬양

돌봄의 손길(순현주 사/ 이예미 곡)

나를 채우시는 하나님의 손길
내게 무엇이 필요한지 다 아시죠
나를 돌보시는 하나님의 손길
내게 무엇이 필요한지 다 아시죠
하나님의 손길을 닮아 나도 다른 이를 채워주고
하나님의 마음을 닮아 나도 다른 이를 돌보아 줄래요

설교

친구들, 지난 시간에 우리는 자선의 바른 마음가짐에 대해 배웠어요. 네 가지를 기억하나요? 도움 받는 사람을 배려해야 하고, 자선함으로써 나를 자랑하지 않으며, 나눠주는 것을 아까워하지 않고, 하나님께 감사하는 마음으로 행하는 것이었어요. **자, 마음가짐이 준비되었다면, 이제는 실제로 도움을 줄 차례예요!** '세상을 바꾸는 씨앗' 자선 교육 네 번째 시간, 오늘은 '슬기로운 기부 생활'이라는 말씀의 제목으로 자선을 실천하는 방법을 배워 보려고 해요.

물질의 도움이 필요해요

여기 양식이 없어 배고픈 사람이 있어요. 이 사람에게는 어떤 도움이 필요할까요? (대답을 듣는다.) 맞아요. (빵을 보여주며) 먹을 만한 음식을 주거나 먹거리를 살 수 있도록 (만 원 지폐를 보여주며) 돈을 주는 것이 도움이 될 거예요. 또, 여기 질병으로 아파하는 가난한 사람이 있어요. 이 사람에게는 어떤 도움이 필요할까요? (대답을 듣는다.) 맞아요. (약을 보여주며) 약을 사다 주거나 (만 원 지폐를 보여주며) 치료비를 마련해 주는 것이 필요하겠지요.

만약 이 사람들에게 먹을 것이나 약을 주지 않고, "힘내세요. 좋은 날이 올 거예요. 기도할게요"라고 응원과 위로의 말만 건넨다면, 정말 필요한 도움이라고 할 수 있을까요? 다음 말씀을 읽어 봅시다.

"그리스도 안에서 한 형제 자매 된 사람이 옷이나 먹을 것이 필요할 때, '하나님께서 은혜를 베푸시기를! 몸을 따뜻하게 하고 먹을 것을 좀 많이 드십시오'라고 말하고, 그 사람에게 필요한 것을 주지 않는다면, 그런 말은 아무 도움이 되지 않을 것입니다"(야고보서 2:15-16, 아가페 쉬운성경).

추워서 덜덜 떨고 있는 사람에게는 당장 입을 옷이 필요하고, 굶주린 사람에게는 당장 먹을 것이 필요하며, 아파하고 있는 사람들에게는 의사와 약이 필요해요. 그래서 도움이 필요한 사람을 보고 도와주고 싶은 마음만 갖는 것이 아니라, 그에게 당장 필요한 것을 주어야 해요. 이것을 '물질적 도움'이라고 해요. 빵, 돈, 옷, 약과 같이 쓸 수 있는 물건을 주는 것을 말해요.

기부해서 도울 수 있어요

'물질적 도움'의 대표적인 방법 중 하나는 '기부'예요. '기부'는 '나누기(÷)'와 같아요. 다른 사람을 위해 내가 가진 돈이나 물건을 쪼개 어려운 사람을 돕고 아무 대가 없이 베푸는 것이지요. 특히 도움이 필요한 사람에게 직접 음식이나 필요한 물건을 줄 수 없거나 내가 알지 못하는 어려운 사람을 돕고 싶을 경우에 우리는 돈을 기부해서 도울 수 있어요. '돈'을 기부하는 이유는 돈으로 필요한 것, 쓸 것을 살 수 있기 때문이에요.

사도 바울이 구제헌금을 요청했어요

우리가 오늘 함께 읽은 말씀에서도 어려운 사람들을 돕기 위해 '기부'를 하는 모습을 볼 수 있어요. 당시 예루살렘에 있던 그리스도인들은 많은 어려움에 처해 있었어요. 오랫동안 비가 오지 않아서 농사를 지을 수가 없었고, 그 때문에 곡식을 수확할 수도, 곡물을 팔아 돈을 벌 수도 없었어요. 돈이 없으니 당장 먹을 것과 입을 옷, 잠잘 곳 등 필요한 것들을 마련하는 데 어려움을 겪었어요. 사도 바울은 이러한 예루살렘 성도들의 소식을 듣고 안타까워하며 그들을 돕기 위한 방법을 고민했어요. 그리고 여러 교회 성도들에게 이렇게 말했어요. "여러분, 우리가 가진 돈으로 우리의 필요만 채우지 말고, 어려움이 있는 사람들을 도웁시다! 함께 연보해 주세요." 여기에서 '연보'는 오늘날 우리가 교회에서 어려운 사람들을 돕기 위한 목적으로 드리는 '구제 헌금'을 의미해요. 사도 바울은 연보로 모은 돈을 어려움을 겪는 예루살렘 성도들에게 기부해서 그들을 돕고자 했어요.

여러 교회는 바울의 뜻을 따라 연보하는 데 동참했어요. 그중에서도 마게도냐(마케도니아) 교회의 성도들은 매우 열심히 참여했어요. 그들도 어려운 형편이라 가진 돈이 넉넉하지 않았지만, 도움이 필요한 사람들을 위해 많은 돈을 연보하고 기부했어요. 그리고 한두 번에 그치지 않고, 일 년 동안 꾸준히 기부했어요. 이렇게 마게도냐 교회의 성도들이 열심히 연보했던 이유는 다른 어려운 이웃을 도우라는 하나님의 말씀을 기억했기 때문이에요. 그래서 기쁜 마음을 담아 풍성한 연보를 넘치도록 할 수 있었어요. 그렇게 기부된 돈은 예루살렘에서 어려움을 겪던 사람들을 위해 귀하게 쓰였답니다. 그리고 이러한 마게도냐 교회 성도들의 모범적인 자선 행동은 다른 교회들에게도 큰 영향을 주었어요.

우리도 기부해요

우리도 기부할 수 있을까요? 그럼요. 기부는 어른만 할 수 있는 것이 아니에요. 나이가 어린 우리도 기부할 수 있어요. 만약 부모님께 5000원의 용돈을 받았다면, 그중 일부인 500원을 쓰지 않고 모아두었다가 기부할 수 있어요. 가능하다면 천원도, 또는 그보다 많은 금액을 할 수도 있지요. “내가 기부하는 이 적은 돈이 과연 도움이 될까?”라고 생각할 수 있지만, 여러 사람들이 함께 기부하면 큰돈이 되어 도움이 필요한 많은 사람들에게 전해 줄 수 있답니다. 따라서 내가 가진 돈이 적다고 걱정하지 않아도 돼요. 각자의 형편에 맞게 하면 돼요. 중요한 것은, 내가 가진 돈을 나만 위해 다 사용하는 것이 아니라, 일부를 사용하지 않고 모아 두었다가 어려운 사람들을 위해 기부하는 행동이에요.

그럼 기부는 어디에 하면 될까요? 먼저, 오늘 성경말씀처럼 헌금을 통해 기부할 수 있어요. 우리 친구들이 매주 예배시간에 드리는 헌금 중 일부는 어려운 사람들을 돕는 데 사용돼요. 성도들이 하나님께 드린 헌금으로 교회가 이웃들을 돕고 있어요. 우리 친구들도 '연보'를 하는 셈이지요. **또 다른 방법으로는 '자선 단체'를 통해 기부할 수 있어요.** '자선 단체'는 어려운 사람들을 돕기 위해 세워진 단체를 말해요. 세계 곳곳에 있는 많은 자선 단체들은 사람들이 기부한 돈으로 전 세계의 가난하고 병들고 힘든 사람들에게 필요한 것을 전달해 주어요.

만약 우리의 돈과 물건들을 기부하면, 우리가 가난해질까요? 그렇지 않아요. 다음 말씀을 읽어 볼까요? "주라 그리하면 너희에게 줄 것이니 곧 후히 되어 누르고 흔들어 넘치도록 하여 너희에게 안겨 주리라"(누가복음 6:38). 우리가 어려운 사람들을 위해 베풀면 하나님이 다시 채워 주신다고 약속하셨어요.

마무리

사랑하는 친구들, 우리는 오늘 기부를 통해 이웃을 돕는 방법을 살펴보았어요. 우리가 배우고 있는 '자선'을 실천하는 일은 결코 거창하고 어려운 것이 아니에요. **눈앞에 굶주린 사람이 있다면 그에게 빵 한 조각을 건네는 것, 그리고 어디선가 어려움을 겪고 있는 사람을 위해 내 용돈의 일부를 기부하는 것이 자선의 행동이에요.** 내가 가진 것을 나만을 위해 사용하지 않고 어려운 이웃을 돕기 위해 나눈다면, 우리 스스로 보기에도, 또 다른 사람들이 보기에도 하나님께 영광이 될 수 있어요(베드로전서 2:12). 우리 친구들, 기부할 준비 되었나요? 이번 한 주간, 여러분 스스로 기부를 실천해 보세요. 여러분의 슬기로운 나눔이 어려운 사람들에게는 큰 도움이 되고, 하나님께는 큰 기쁨이 될 것입니다.

결단 기도

우리를 항상 지켜 주시는 하나님, 오늘 말씀을 통해 어려운 이웃을 돕는 방법을 알려 주셔서 감사합니다. 마게도냐 교회의 성도들이 마음과 물질을 모아 연보했던 것처럼, 우리도 어려운 이웃을 위해 기부하겠습니다. 우리의 결심이 흔들리지 않도록 도와주세요. 그리고 우리가 기부할수록 더 풍성하게 채워 주셔서, 계속해서 더 많은 사람을 도울 수 있는 은혜를 베풀어 주세요. 예수님의 이름으로 기도합니다. 아멘.

4과 예배 후 활동 자선 단체 박람회

- 소요시간 20분
- 활동형태 대그룹 활동
- 활동의도 다양한 자선 단체들이 어떤 일들을 하고 있는지 살펴본다.
- 준 비 물 6개의 부스, 스탬프, 자선 단체 팸플릿/소개 영상, 노트북/패드, 선물, 학생용 워크북(p. 52)

사전준비

① 자선 단체들에서 제공하는 팸플릿을 사전에 요청하여 준비한다.

② 자선 단체 박람회는 6가지 부스로 구성한다. 테이블, 천막 등을 활용하여 각 자선 단체별 공간 및 부스를 마련한다.

③ 각 부스별로 담당 교사를 배치하고, 교사는 자선 단체를 조사하여 5분 이내의 설명을 준비한다(다음 페이지 예시 및 부록 참고).

④ 각 부스별로 자선 단체 팸플릿, 소개 영상 등을 배치한다.

⑤ 스탬프를 다 찍은 학생들에게 제공할 작은 선물을 준비한다.

TIP

- 교재에서 소개하는 관련 자선 단체는 일부이므로, 그 외에 관심 있는 자선 단체가 있다면 자유롭게 추가 및 변경이 가능하다.
- 분야가 다른 자선 단체들을 다양하게 소개하는 것이 좋다.
- 자선 단체에서 돕고 있는 사회적 문제를 소개할 때, 당시의 사회적 이슈 및 쉽게 떠올릴 수 있는 이야기들을 활용하여 할 수 있다. 예) 우크라이나 난민 사례, 관련 영화 또는 드라마 등.
- 이 활동은 기부를 독려하기 위함이 아니라 자선 단체를 소개하기 위한 목적이므로, 도움을 호소하는 영상보다는 자선 단체가 하고 있는 일을 소개할 수 있는 영상을 선정한다.

- 각 자선 단체와 연관된 그림의 스탬프를 준비하면 더 좋다(예: 〈빅이슈〉 같은 잡지나 책 모양의 스탬프).
- 교사 수가 적을 경우에는 학생이 부스의 담당자가 되어도 좋다.

부스 소개 가이드

자선 단체	컴패션	월드휴먼브리지
소개 내용	안녕하세요. 이곳은 '컴패션' 부스입니다. 우리 친구들은 '어린이'로서 무료로 학교에 다니고, 건강하고 안전하게 자랄 수 있도록 잘 먹고 잘 자며 생활하고 있어요. 또 공부도 하고 놀이도 하며 다양한 경험을 하고 있지요. 그러나 모든 나라의 어린이들이 우리들과 같은 모습으로 지내고 있지는 않아요. 학교에 가고 싶지만 가지 못하는 아이들도 있고, 보호받고 싶지만 그렇지 못한 아이들도 있어요. '컴패션'에서는 이런 어린이들에게 학교에서 공부할 수 있도록 기회를 제공해 주고, 위험에 노출된 아이들은 안전하게 보호하며, 궁극적으로 어린이들이 꿈과 희망을 가지고 잘 성장할 수 있도록 돕고 있어요. 전 세계 27개국의 220만 명 이상의 어린이를 양육하고, 한 아이가 성인이 되어 스스로 자립할 수 있을 때까지 필요한 모든 도움을 제공하고 있답니다.	안녕하세요. 이곳은 '월드휴먼브리지' 부스입니다. 우리 사회에는 도움이 필요한 사람들이 많이 있어요. 혼자 아이를 키우는 사람, 학대 받은 아동과 청소년, 혼자 사는 어르신, 고치기 힘든 병을 앓고 있는 환자 등이에요. 이들은 오늘 당장 먹을 것, 입을 것, 자는 것에 어려움을 겪고 있어요. 왜냐하면 치료비가 없거나 일을 할 수 없는 상황이기 때문이에요. 이들은 누군가의 도움 없이 자신만의 힘으로 일상적인 삶을 살아가기 어려워요. 이들이 삶의 희망을 가질 수 있도록 많은 자선 단체들이 도와주고 있어요. 그중 '월드휴먼브리지'는 여러 교회들과 함께 일하며 어려운 환경에 놓인 사람들에게 관심을 가지고 물질적 도움을 주고자 노력하고 있어요. 예를 들어, 후원자들로부터 모금한 기부금을 모아 가난한 임산부들, 미혼모들에게 필요한 출산용품과 병원비를 지원해 주고 있어요. 또, 난치병에 걸린 어린이들에게 병원비를 지원해 주고 있고요. 홀로 계신 어르신들께는 따뜻하고 건강한 식사를 배달하기도 하고, 어린이와 청소년 보육원에도 기부금을 전달하고 있습니다.
준비물	• 컴패션 팸플릿 또는 소개 영상 • 부스에서는 아래 링크의 영상들을 반복 재생한다.	• 월드휴먼브리지 팸플릿 또는 소개 영상 • 부스에서는 아래 링크의 영상들을 반복 재생한다.
교사 참고자료	컴패션 홈페이지 https://www.compassion.or.kr/	월드휴먼브리지 홈페이지 http://www.whb.or.kr/

자선 단체	푸르메재단	피난처
소개 내용	안녕하세요. 이곳은 '푸르메재단' 부스입니다. 주변에 장애를 가진 친구나 사람들이 있나요? (대답을 듣는다.) 장애가 있는 사람들은 살아가는 데 어떤 어려움이 있을까요? (대답을 듣는다.) 예를 들어 볼까요? 장애가 있으면 병원비가 많이 들어요. 그런데 실제로 장애 어린이가 있는 가정의 부모님은 그 아이를 24시간 옆에서 보살펴야 하기 때문에 일을 하며 돈을 벌기도 쉽지 않아요. 또 이 아이가 나중에 청년이 되었을 때는 장애가 있다는 이유로 취업하기도 쉽지 않은 어려움들이 있답니다. 그래서 푸르메재단은 장애 어린이의 재활과 발달장애 청년들의 자립을 돕고 있어요. (이미지 또는 영상을 보여주며) 서울 마포구에 세운 '푸르메재단 넥슨어린이재활병원'에서 장애 어린이들이 초기에 치료를 받을 수 있도록 돕고 있어요. 또한 '푸르메직업재활센터'와 '푸르메소셜팜'에서는 청년들이 스스로 일할 수 있게 도움으로써, 어엿한 사회구성원으로서 자기 역할을 할 수 있도록 돕고 있어요.	안녕하세요. 이곳은 '피난처' 부스입니다. 6월 20일은 '세계 난민의 날'이에요. '난민'에 대해서 들어본 적이 있나요? (대답을 듣는다.) '난민'은 전쟁이 일어나거나 재난이 닥치거나 종교나 이념의 차이로 차별받고 핍박받을 경우 자신의 나라에 있지 못하고, 다른 나라로 몸을 피해 떠나는 사람들을 말합니다. 이렇게 다른 나라로 가면, 가족과도 떨어지고, 가진 것 하나 없이 너무 막막하겠지요! 그래서 이런 난민들을 여러 방면으로 돕는 단체들이 많이 있습니다. (이미지 또는 영상을 보여주며) 그중 국제난민지원센터인 '피난처'에서는 난민들이 법적으로 보호받을 수 있도록 돕고, 임시로 머물 수 있는 숙소와 생활에 필요한 것들을 제공해 주어요. 그리고 교육을 받고 일할 수 있도록 돕는 등 난민들이 잘 정착하고 생활할 수 있도록 돕고 있어요.
준비물	• 푸르메재단 팸플릿 또는 소개영상 • 부스에서는 아래 링크의 영상들을 반복 재생한다.	• 피난처 팸플릿 또는 소개영상 • 부스에서는 아래 링크의 영상들을 반복 재생한다.
교사 참고자료	푸르메재단 홈페이지 http://purme.org/	피난처 홈페이지 http://www.pnan.org/

자선 단체	해비타트	빅이슈
소개 내용	안녕하세요. 이곳은 '해비타트' 부스입니다. 우리 친구는 '집'에서 무엇을 하나요? (대답을 듣는다.) 잠을 자고, 밥을 먹고, TV를 보며 쉬고, 씻고, 가족과 함께 대화도 나눠요. 만약 우리 친구에게 '집'이 없다면 어떨까요? (대답을 듣는다.) 맞아요. 당장 돌아갈 곳이 없어요. 나의 공간, 나의 보금자리가 없는 것이지요. 집이 없다면 공부를 할 수도 없고, 깨끗한 환경에서 살지 못해 건강이 안 좋아질 수도 있어요. 이렇게 '집'은 우리가 살아가는 데 당장 필요한 '밥', '물', '옷'과 같이 없어서는 안 되는 것 중 하나랍니다. (이미지 또는 영상을 보여주며) '해비타트'라는 자선 단체는 집이 없거나 집이 너무 오래되어 생활이 어려운 사람들에게 집을 지어 주거나 고쳐 주는 일을 해요. 또 태풍이나 지진 등 자연재해로 집이 무너지고 화재로 집이 불에 타 없어진 사람들에게 임시로 지낼 곳을 제공하는 일도 하고 있답니다.	안녕하세요. 이곳은 '빅이슈' 부스입니다. 당장 먹을 것이 없고 잠잘 집이 없는 사람들에게 그것을 구할 수 있는 돈을 주는 것은 정말 중요해요. 그러나 언제까지 도움만 줄 수는 없어요. 그들도 언제까지 도움만 받아서는 안 돼요. 도움을 받지 않고도 스스로 살 수 있도록 삶의 의지를 회복해야 합니다. 그것을 '자립'이라고 해요. 당장 필요한 도움을 제공하는 동시에 스스로 일할 수 있도록 도와주는 자선 단체들이 있답니다. 그중 '빅이슈'는 노숙자들에게 일자리를 제공해 주고 있어요. (이미지 또는 영상을 보여주며) 지하철역에서 빨간색 조끼를 입고 잡지를 파는 분들을 본 적이 있나요? (대답을 듣는다.) 이분들은 빅이슈에서 돕는 노숙자 분들이에요. 노숙자 분들에게 빅이슈 잡지를 파는 일자리를 제공하고, 수익의 절반을 가질 수 있도록 해서 자립할 수 있도록 돕고 있습니다. 무엇보다도 '구걸하지 않고', '일하는' 사람으로 성장하도록 돕고 있어요.
준비물	• 한국해비타트 팸플릿 또는 소개 영상 • 부스에서는 아래 링크의 영상들을 반복 재생한다.	• 빅이슈코리아 팸플릿 또는 소개 영상 • 부스에서는 아래 링크의 영상들을 반복 재생한다.
교사 참고자료	한국해비타트 홈페이지 https://www.habitat.or.kr/	빅이슈코리아 홈페이지 https://bigissue.kr/about/mission

진행방법

① 인도자는 예배 시간에 배운 내용을 간단히 상기시킨 후 도입 활동을 설명한다.

✚ 친구들, 조금 전 말씀에서 우리는 물질적 자선의 하나인 '기부'에 대해 배웠어요. 교회의 구제헌금을 통한 기부 외에도 전 세계의 많은 자선 단체를 통해서도 기부할 수 있다고 했지요. 오늘 이곳에 자선 단체 박람회가 열렸습니다. 6곳의 자선 단체 부스를 돌아다니며 다양한 자선 단체들을 만나 보세요. 각 부스에 방문해서 설명을 들으면 방문 확인 스탬프를 받을 수 있습니다. 학생용 워크북에 스탬프를 다 받은 친구들에게는 선물을 드립니다. 지금부터 부스를 자유롭게 방문해 보세요!

② 학생들은 자유롭게 부스를 방문하여 이야기를 듣고, 학생용 워크북에 스탬프를 받는다.

③ 모든 자선 단체를 방문한 학생은 학생용 워크북에 '기억에 남는 자선 단체들'과 '자선 박람회에 참가한 후 느낀 점'들을 적는다.

④ 인도자는 스탬프를 다 받은 친구들에게 선물을 나눠주고, 활동을 정리하며 마무리한다.

✚ 여러 자선 단체들을 본 후 느낀 점은 무엇인가요? (대답을 듣는다.) 가장 기억에 남는 자선 단체가 있었나요? (대답을 듣는다.) 오늘 살펴본 자선 단체들 외에도 많은 자선 단체들이 어려운 이웃을 돕기 위해 노력하고 있어요. 직접 어려운 이웃에게 필요한 것을 전달해 줄 수 없을 때, 또는 내가 알지 못하는 다양한 어려운 이웃들을 돕고 싶을 때 우리는 자선 단체에 기부해서 도울 수 있습니다. 앞으로도 여러 자선 단체들에 관심을 가지고, 내가 돕고 싶은 자선 단체를 정해 보세요. 그리고 어려운 사람들을 위해 베풀 때 하나님이 다시 채워 주시는 은혜를 경험해 봅시다! 오늘 배운 내용을 기억하고, 집에 가서 '가정에서 하는 활동지'로 복습해 보세요.

5과

또 다른 기부 방법이 있나요?

{ 자선의 방법 2 }

학습 개요

중심 구절 — 그 주인이 이르되 잘하였도다 착하고 충성된 종아 네가 적은 일에 충성하였으매 내가 많은 것을 네게 맡기리니 네 주인의 즐거움에 참여할지어다 하고(마태복음 25:21)

성경 본문 — 마태복음 25장 14-30절

학습 목표 —
- 재능 기부의 다양한 방법 및 경로를 탐색한다.
- 개인별 재능 기부의 실천 방안을 모색한다.

학습 단계

예배 전 소그룹 활동 나의 재능은?

예배 슬기로운 재능 기부

예배 후 대그룹 활동 찾아라 재능 기부

교사를 위한 나눔

선생님, 안녕하세요. '세상을 바꾸는 씨앗' 다섯 번째 시간입니다.
오늘은 나의 재능을 기부하여 소외된 이웃을 돕는 방법에 대해 배우게 됩니다.
아이들과 함께 드리는 예배를 기대하며 말씀과 기도로 준비해 주세요.

1. 각각 다섯 달란트와 두 달란트를 받은 종들은 주인에게서 받은 돈을 어떻게 했습니까?(마태복음 25:16-17)

2. 주인은 한 달란트 받았던 종이 한 이야기를 듣고 그를 무엇이라 불렀습니까?(마태복음 25:26)

3. 주인이 종들에게 다섯 달란트, 두 달란트, 한 달란트씩을 맡긴 기준은 무엇입니까?(마태복음 25:15)

1. 교사로서 내가 가진 재능과 장점 및 강점은 무엇입니까?

2. 우리 반 아이들이 재능을 발휘할 수 있는 방법이 있다면 무엇입니까?

- 하나님이 주신 달란트(재능)를 발견하는 우리 반이 되게 하소서.
- 재능을 발휘하여 세상에 선한 영향력을 끼치는 우리 반이 되게 하소서.

5과 예배 전 활동 나의 재능은?

- **소요시간** 15분
- **활동형태** 소그룹 활동
- **활동의도** 나는 어떤 재능을 가지고 있는지 생각해 본다.
- **준 비 물** 학생용 워크북(p. 60-61), 소그룹 책상 및 의자, 필기도구

사전준비

① 학생들에게 소개할 교사 자신의 재능을 미리 생각한다.

② 소그룹별 책상과 의자를 세팅한다.

③ 학생용 워크북과 필기도구를 준비한다.

진행방법

① 교사는 지난 시간에 배운 내용 및 가정에서 하는 활동지를 확인한다.

✚ 친구들, 지난주에 우리가 무엇을 배웠는지 기억나는 것을 말해 볼까요? (대답을 듣는다.) 맞아요. 자선의 물질적 방법 중 하나인 '기부'에 대해 배웠어요. '가정에서 하는 활동지'로 복습해 봤나요? 어땠는지 간단하게 나눠 볼까요? (대답을 듣는다.)

② 교사는 도입 활동을 설명한다.

✚ 오늘은 또 다른 기부 방법인 '재능 기부'에 대해 알아볼 거예요. 우리 모두는 제각기 재능이 있어요. 재능은 남들보다 뛰어난 능력을 의미할 수도 있지만, 내가 잘하는 것, 내가 좋아하는 것 모두를 포함합니다. 예를 들어, 선생님의 재능은 '일찍 일어나는 것'이에요. 선생님은 공부를 잘하는 것보다 일찍 일어나는 것이 더 자신 있어요. 또 다른 재능은 '다른 사람의 이야기를 잘 들어주는 것'이에요. 모든 사람이 다른 사람의 이야기 들어주는 걸 좋아하는 건 아니더라고요. 하지만 선생님은 다른 사람의

이야기를 듣는 것을 좋아해요. 우리 친구들의 재능은 무엇인가요? 학생용 워크북에 여러 재능들이 나열되어 있어요. 하나씩 읽어 보고 그중 나에게 해당되는 것들에 동그라미 표시를 해보세요. 여러 개를 표시할 수 있어요. 그리고 내가 표시한 나의 재능들이 무엇인지 친구들과 나눠 봅시다.

③ 학생들은 학생용 워크북에서 여러 재능들을 읽고, 자신에게 해당하는 것에 동그라미로 표시한다.

* 해당 내용은 하워드 가드너(Howard Gardner)의 '다중지능이론'을 활용하여 제작되었습니다.

④ 학생들은 돌아가며 동그라미로 표시한 자신의 재능이 무엇인지 친구들에게 소개한다.

⑤ 교사는 활동을 정리하며 마무리한다.

✚ 친구들이 동그라미 친 것을 보니 저마다 정말 다양한 재능을 가지고 있네요. 혹시 교재에 설명된 것 외에 떠오르는 또 다른 재능이 있나요? (대답을 듣는다.) 친구들이 표시한 재능이 서로 다른 것처럼, 사람마다 가지고 있는 재능은 각기 다릅니다. 우리에게 재능을 주신 분은 하나님이세요. 그런데 하나님이 우리에게 재능을 주신 이유가 있대요. 오늘 예배를 통해 배워 봅시다.

TIP

• 학생이 소개할 때, 교사와 다른 친구들은 발표를 경청한다.

5과 예배

슬기로운 재능 기부

- 본 문　마태복음 25장 14-30절
- 중심구절　마태복음 25장 21절
- 소요시간　30분
- 준 비 물　설교 자료(PPT)

찬양

우리들 사랑(이형구 사/ 차요셉 곡)

우리가 이곳에 모여서 함께 살아가는 것은
푸르고 푸르른 주의 나라를 만들기 위함이라
서로 돕고 서로 섬기며 서로 나누고 서로 아끼면
우리들이 꿈꾸는 아름다운 주의 나라 이뤄지리
도와주고 안아 주고 나눠 주고 업어 주면
우리들이 사는 세상 아름다운 세상이 되리

설교

친구들, 지난 시간에는 기부를 통해 이웃을 돕는 방법을 살펴보았어요. 기부는 당장 어려운 상황에 있는 사람들에게 필요한 것을 전해 주는 물질적 도움 방법이지요. 다른 사람을 위해 내가 가진 돈이나 물건을 대가 없이 나누어 주는 것이었어요. 지난 한 주 동안 우리 친구들이 기부를 어떻게 실천했는지 정말 궁금해요. '세상을 바꾸는 씨앗' 자선 교육 다섯 번째 시간, 오늘은 '슬기로운 재능 기부'라는 제목으로 **또 다른 자선의 실천 방법을 배워 보려고 해요.**

재능도 기부할 수 있어요

우리 친구들은 '재능 기부'라는 말을 들어 본 적 있나요? (대답을 듣는다.) 기부는 돈이나 물건으로만 하는 것인 줄 알았어요. 그런데 **우리의 재능도 기부를 할 수 있대요.** 어떤 의사 선생님은 가난해서 치료를 받지 못하는 아픈 사람들을 치료해 주어요. 어떤 사진작가는 어르신들에게 무료로 사진을 찍어 드리며 추억을 선물해 주고 있어요. 또, 어떤 피아니스트는 아픈 사람들을 위로하기 위해 병원에서 연주회를 열기도 하고, 가난해서 피아노를 배우지 못하는 사람들에게 피아노를 가르쳐 주기도 하지요. 어떤 헤어디자이너는 몸을 움직이기 힘든 독거노인 분들을 찾아가 이발 봉사를 하고 있어요. 이는 모두 재능 기부를 실천하는 모습들이에요. 물건이나 돈을 기부하는 것이 아니라, **자신의 능력이나 재능을 다른 사람을 돕기 위해 대가 없이 사용하는 것을 '재능 기부'라고 해요.**

하나님이 주신 재능

하나님은 우리에게 재능을 주셨어요. 사람들의 생김새가 각기 다른 것

만큼이나 좋아하는 것, 잘하는 것도 모두 다르지요. 노래, 운동, 공부, 그림, 글, 요리 등 사람마다 재능이 다양해요. 그런데 **하나님이 우리에게 이러한 재능을 주신 이유가 있대요.** 오늘 성경 이야기를 통해 알아볼까요?

등장인물 - 주인, 하인 3명

주인 : 여보게들. 내가 중요한 일이 있어서 오랫동안 집을 떠나게 되었네. 언제쯤 일을 끝내고 돌아올지 잘 모르겠어. 내가 돌아올 때까지 자네들에게 달란트를 맡기려고 한다네. (하인 1에게) 자네에게는 다섯 달란트를 맡기겠네. 그리고 (하인 2에게) 자네에게는 두 달란트를 주겠네. 마지막으로 (하인 3에게) 자네에게는 한 달란트를 맡기지. 내가 돌아올 때까지 이 달란트들을 잘 사용하게나.

달란트는 당시 화폐 단위였어요. 주인이 집을 떠나고, 각각 다섯 달란트, 두 달란트, 한 달란트를 받은 하인들은 이 달란트를 가지고 어떻게 해야 할지 고민했어요. 다섯 달란트를 받은 사람과 두 달란트를 받은 사람은 주인이 맡긴 달란트를 가지고 장사를 해서 더 많은 달란트를 벌어오기로 했어요. 반면 한 달란트를 받은 사람은 달란트를 땅에 감추어 두었어요. 그리고 나중에 주인이 오면 한 달란트를 고스란히 돌려줄 생각이었어요. 오랜 후에 주인이 돌아왔어요. 그리고 주인은 다시 하인들을 불러 모았어요.

주인 : 내가 맡긴 달란트를 어떻게 사용하였느냐?

하인 1 : 주인님, 저는 다섯 달란트로 열심히 일을 해서 다섯 달란트를 더 벌어 왔습니다.

주인 : 참 잘했다. 착하고 충성된 종아. 내가 너에게 더 많은 것을 맡

길 수 있겠구나. 나와 함께 기뻐하자꾸나.

하인 2 : 주인님, 저도 두 달란트로 열심히 일을 해서 두 달란트를 더 벌어 왔습니다.

주인 : 너도 참 잘했다. 착하고 충성된 종아. 내가 너에게 더 많은 것을 맡길 수 있겠구나. 나와 함께 기뻐하자꾸나.

하인 3 : (쭈뼛거리며) 주인님, 저는 주인님이 맡기신 한 달란트를 땅 속에 고이 묻어 두었습니다. 주인님이 그걸 사용하라고 주신 줄 몰랐거든요. 그저 저는 보관만 잘하면 되는 줄 알았습니다.

주인 : 어리석고 게으르구나. 땅에 묻어 둘 것이었으면 내가 왜 굳이 너에게 한 달란트를 맡겼겠느냐. 너에게는 더 이상 아무것도 맡길 수 없다.

친구들, 이 이야기에 나오는 '주인'은 예수님을, 달란트를 받은 '하인들'은 우리를, 그리고 '달란트'는 각 사람에게 주신 능력과 재능을 의미해요. 다섯 달란트, 두 달란트를 받은 하인들이 칭찬 받은 이유는 무엇이었을까요? 맡겨진 달란트를 잘 사용해서 더 많은 결실을 얻었기 때문이에요. 그렇다면 한 달란트를 받은 사람은 왜 혼이 났을까요? 맡겨진 달란트를 사용하지 않고 내버려두었기 때문이었어요. 여기서 달란트의 양은 중요하지 않아요. 어떤 하인에게는 다섯 달란트를 주고 어떤 하인에게는 두 달란트를 주었지만, 주인은 달란트를 잘 사용한 두 하인을 똑같이 칭찬했어요. 단지 각각 감당할 수 있는 만큼을 맡기셨던 거지요. 여기에서 중요한 점은 받은 달란트를 잘 사용했는지, 아니면 땅에 묻어 두었는지가 달랐다는 거예요.

예수님은 부활하시고 하늘로 올라가시면서 우리 친구들에게도 달란트를 맡기셨어요. 그리고 예수님이 이 땅에 다시 오실 때까지 우리 친구들이 각자에게 맡겨진 달란트를 잘 사용하길 원하세요. 우리의 달란트, 곧 재능은 내가 잘나서 혹은 타고나서 생긴 것이 아니라 하나님이 주신 것이에요. 우리에게 맡겨진 재능을 하나님을 위해, 또 이웃을 위해 사용할 때 하나님은 "착하고 충성된 종아!" 하며 칭찬해 주실 거예요. 그리고 더 많은 달란트를 맡기실 것입니다.

나의 달란트는 무엇인가요?

하나님이 나에게 주신 달란트, 재능은 무엇인가요? (대답을 듣는다.) 재능이 없는 사람은 하나도 없어요. 어떤 친구는 노래를 잘하고, 어떤 친구는 그림을 잘 그릴 거예요. 또 어떤 친구는 말을 잘하고, 어떤 친구는 주변 사람들을 잘 웃기는 재능이 있지요. 아침에 일찍 일어나기를 잘하는 친구도 있을 것이고, 글을 잘 쓰는 친구, 꾸미기를 잘하는 친구, 또는 춤을 잘 추는 재능이 있는 친구도 있을 거예요.

앞서 우리는 재능 기부를 살펴보았어요. 재능 기부는 어른들만 할 수 있는 것이 아닌지, 직업이 없는 어린이나 청소년도 재능 기부를 할 수 있는지 궁금해 하는 친구들이 있어요. 물론 우리 친구들도 할 수 있어요. 누구에게나 재능이 있어요. 자신의 재능을 발견한다면, 그것을 선하게 사용할 수 있어요.

예를 들어, 노래를 잘 부르거나 노래 부르기를 좋아하는 친구들은 양로원에 가서 할머니 할아버지께 노래를 불러 드릴 수 있어요. 또 손재주가 좋은 친구들은 정성껏 모자를 만들어 추위에 떠는 아프리카 아기들에게 보낼 수도 있지요. 치료받느라 머리카락이 빠진 소아암 환자들을 위해 긴 머리를 잘라서 기부할 수도 있어요. 그것으로 환자들에게 가발을 만들어 줄 수 있답니다. 목소리가 좋고 발음이 정확한 친구들은 시각 장애인을 위해 책을 읽어 주는 목소리 기부도 할 수 있어요. 또는 몸이 건강하고 체력이 좋은 친구들은 연탄을 각 집에 배달해 주는 연탄 나르기 봉사를 할 수도 있겠지요. 이처럼 재능 기부는 다양한 형태로 이루어져요. 따라서 여러분의 재능을 발견하고, 그 재능으로 어떻게 이웃을 도울 수 있을지 찾다 보면, 우리도 재능 기부에 참여할 수 있어요.

마무리

사랑하는 친구들, 오늘 우리는 재능 기부를 통해 이웃을 돕는 방법을 살펴보았어요. 자신의 재능을 오로지 나만을 위해 사용하는 사람은 한 달란트를 받고 땅 속에 묻어 두었던 어리석은 하인과 같아요. 아직 나의 재능을 찾지 못한 친구들은 자신이 좋아하는 일이 무엇인지 곰곰이 생각해 보면 발견할 수 있어요. 그리고 나의 재능을 발견했다면, 그 재능을 가지고 어떤 방법으로 이웃을 도울 수 있을지 생각해 봅시다. 하나님이 나에게 주신 재능을 어려운 이웃을 돕는 데 사용하고, 하나님으로부터 "착하고 충성된 종아!" 하고 칭찬받는 우리 친구들이 되기를 축복합니다.

결단기도

우리에게 달란트를 맡겨 주신 하나님, 오늘 말씀을 통해 우리의 달란트를 어려운 이웃을 위해 사용해야 함을 배웠습니다. 다섯 달란트와 두 달란트를 받았던 하인들처럼, 우리도 맡겨진 재능을 하나님이 원하시는 모습으로 잘 사용하기를 원합니다. 우리의 재능을 잘 발견하고 잘 사용하여 하나님 앞에 충성된 종이 되게 해주세요. 예수님의 이름으로 기도합니다. 아멘.

5과 예배 후 활동 찾아라 재능 기부

- **소요시간** 15분
- **활동형태** 대그룹 활동
- **활동의도** 다양한 재능 기부의 사례를 탐색한다.
- **준 비 물** 스크린, 노트북/PC, 스마트폰, 패들렛, 배경음악

사전준비

① 패들렛 프레젠테이션을 준비한다(주제: 찾아라 재능 기부).

※ 패들렛(Padlet)이란? 포스트잇을 붙이듯 여러 학생이 올린 글 또는 자료들을 한 화면에 보여 주는 온라인 활동도구로, 글, 이미지, 영상 등 다양한 자료를 공유할 때 유용하다.

<패들렛 예시>

설정 방법

② 전체 학생이 패들렛을 볼 수 있도록 스크린을 준비한다.

③ 활동 전 스크린 화면에 해당 패들렛 프레젠테이션을 열어 두고, 해당 활동과 어울리는 배경음악을 틀어 놓는다.

진행방법

① 인도자는 예배 시간에 배운 내용을 간단히 상기시킨 후 적용 활동을 설명한다.

✚ 친구들, 조금 전 말씀에서 우리는 하나님이 우리에게 맡겨 주신 재능을 하나님을 위해, 그리고 이웃을 위해 사용해야 함을 배웠습니다. 이 시간에는 여러 재능 기부의 모습들을 찾아 보려고 해요. 여러분의 스마트폰을 활용해 5가지 이상의 사례들을 찾아보고, 패들렛에 공유해 봅시다.

② 학생들은 인도자가 보내준 링크로 패들렛에 접속한다.

③ 스마트폰을 활용해 찾은 5가지 이상의 재능 기부 사례를 패들렛에 공유한다.

④ 다른 친구들이 올린 게시물들을 보고, 그 재능 기부가 어떤 도움이 되었을지 댓글에 적어 본다.

⑤ 인도자는 활동을 정리하며 마무리한다.

✚ 우리 친구들이 찾은 재능 기부 사례가 참 다양하고 많네요. '재능'으로도 이웃에게 필요한 도움을 전해 줄 수 있음을 볼 수 있었어요. 주로 어른들이 하는 재능 기부가 많지만, 나이가 어린 우리도 재능을 발견해서 재능 기부에 사용할 수 있답니다. 아직 나의 재능이 무엇인지 모르겠다면 곰곰이 생각해 보며 발견해 보고, 나의 재능을 발견했다면 그 재능을 가지고 어떤 방법으로 이웃을 도울 수 있을지를 한 주간 생각해 보기를 바라요. 오늘 배운 내용을 기억하고, 집에 가서 '가정에서 하는 활동지'로 복습해 보세요.

TIP

- 교사들도 활동에 참여하여 함께 학습에 동참하는 분위기를 형성하는 것이 좋다.
- 스마트폰이 없는 학생이 있다면 짝 또는 그룹 안에서 함께 진행할 수 있도록 한다.
- 학생 수가 적은 경우에는 전체 그룹으로 진행할 수 있다.

6과

자선은 언제까지 해야 하나요?

{ 자선의 실천 }

학습 개요

중심 구절 임금이 대답하여 이르시되 내가 진실로 너희에게 이르노니 너희가 여기 내 형제 중에 지극히 작은 자 하나에게 한 것이 곧 내게 한 것이니라 하시고(마태복음 25:40)

성경 본문 마태복음 25장 34-45절

학습 목표
- 자선이 일으키는 변화를 인식한다.
- 자선의 지속적인 실천을 다짐한다.

학습 단계

예배 전 소그룹 활동 멀리멀리

예배 세상을 바꾸는 씨앗

예배 후 대그룹 활동 씨앗 세계지도

교사를 위한 나눔

선생님, 안녕하세요. '세상을 바꾸는 씨앗' 마지막 시간입니다.
오늘은 자선이 일으키는 세상의 변화를 기대하며
지속적으로 실천해야 함을 배우게 됩니다.
아이들과 함께 드리는 예배를 기대하며 말씀과 기도로 준비해 주세요.

1. 오른편에 있는 사람들이 칭찬받은 이유는 무엇입니까?(마태복음 25:34-36)

2. 어려운 상황에 놓인 보잘것없는 한 사람에게 한 것이 곧 누구에게 한 것입니까?(마태복음 25:40)

3. 예수님은 이웃을 도운 사람들에게 무엇을 받으라고 말씀하십니까?(마태복음 25:34)

1. 우리가 이 땅에서 이루어야 할 하나님 나라는 어떤 모습입니까?

2. 반 아이들과 함께 지속적으로 자선을 실천할 방법이 있다면 무엇입니까?

- 하나님 나라를 이루는 것을 삶의 목표로 삼는 우리 반이 되게 하소서.
- 자선 교육이 끝나도 계속해서 자선의 씨앗을 뿌리는 우리 반이 되게 하소서.

6과 예배 전 활동 　멀리멀리

- **소요시간** 　10분
- **활동형태** 　소그룹 활동
- **활동의도** 　자선이 퍼져 나가는 특성이 있음을 이해한다.
- **준 비 물** 　학생용 워크북(p. 70), 소그룹 책상 및 의자, 필기도구

사전준비

① 소그룹 별 책상 및 의자를 세팅한다.

② 학생용 워크북 및 필기도구를 준비한다.

진행방법

① 교사는 지난 시간에 배운 내용 및 가정에서 하는 활동지를 확인한다.

✚ 친구들, 지난주에 우리가 무엇을 배웠는지 기억나는 것을 말해 볼까요? (대답을 듣는다.) 맞아요. 기부의 또 다른 방법인 '재능 기부'에 대해 배웠어요. '가정에서 하는 활동지'로 복습해 봤나요? 어땠는지 간단하게 나눠 볼까요? (대답을 듣는다.)

② 교사는 도입 활동을 설명한다.

✚ 오늘은 마지막 자선 교육 시간으로, 자선이 일으키는 변화에 대해 배울 거예요. 학생용 워크북을 보면 여섯 가지 그림이 있어요. 각 사진이 무엇인지 말해 볼까요? (대답을 듣는다.) 맞아요. '스피커', '향수/디퓨저', '감기/코로나19', '와이파이', '민들레 홀씨', 그리고 우리가 지금 배우고 있는 '자선'이에요. 이 여섯 가지에는 하나의 공통점이 있어요. 무엇일지 생각해 보고 각자의 생각을 나눠 봅시다.

③ 학생들은 학생용 워크북을 보고 6가지 그림의 공통점을 탐색한다. 그리고 자신의 생각을 선생님과 친구들에게 공유한다.

④ 교사는 활동을 정리하며 마무리한다.

✚ 여섯 가지의 공통점은 '퍼진다'는 것이에요. '스피커'는 진동으로 소리를 크게 퍼뜨려서 우리가 멀리서도 음악을 들을 수 있게 해주어요. '향수나 디퓨저'도 향기를 멀리 퍼뜨리지요. '감기나 코로나19'와 같은 바이러스도 마찬가지로 다른 사람에게 퍼뜨리는 전염성이 있고, '와이파이'라는 무선 통신 기술도 인터넷 통신망을 퍼뜨립니다. 또 봄이 되면 하얀 '민들레 홀씨'가 바람에 흩날리는 것을 볼 수 있어요. 씨앗이 바람에 실려 멀리까지 퍼지며 다른 곳에도 민들레가 피게 되지요. 그런데 '자선'도 이처럼 퍼지는 특성이 있대요. 이를 '영향력'이라고 하는데요. 자선은 어떻게 퍼져 나갈까요? 오늘 말씀을 통해 배워 봅시다.

TIP

- 학생이 소개할 때, 교사와 다른 친구들은 발표를 경청한다.
- 아이들의 대답이 틀리더라도 답을 찾아갈 수 있도록 격려하며 지도한다.

6과 예배

세상을 바꾸는 씨앗

- 본　　문　　마태복음 25장 34-45절
- 중심구절　　마태복음 25장 40절
- 소요시간　　30분
- 준 비 물　　설교 자료(PPT)

찬양

너는 축복의 씨앗(정래욱 사/곡)

너는 축복의 씨앗 하나님께서 만드셨죠

너는 축복의 씨앗 하나님께서 심으셨죠

너로 인해 주님의 사랑이 싹 티우고

아름다운 믿음나무 자라며

너로 인해 주님의 축복열매 맺으며

아름다운 향기를 나누리

설교

친구들, 지난 시간에 무엇을 배웠는지 기억하나요? (대답을 듣는다.) 맞아요. 우리 모두에게는 각기 다른 재능이 있지요. 하나님이 우리에게 재능을 주신 이유는 하나님과 이웃을 위해 선하게 사용하기 원하시기 때문임을 알았어요. 그리고 재능 기부를 통해 이웃을 돕는 방법들도 살펴보았어요. 오늘은 자선 교육 마지막 시간이에요. **'세상을 바꾸는 씨앗'이라는 제목으로 자선이 일으키는 변화를 알아보려고 해요.**

오른쪽과 왼쪽의 차이

예수님 앞에 모인 사람들이 오른쪽과 왼쪽으로 나뉘어 있어요. 어떤 기준으로 나뉘어 있는 걸까요? 예수님은 먼저 오른쪽 사람들에게 말씀하셨어요. "너희는 복을 받은 사람들이다. 왜냐하면 너희는 내가 배고플 때 나에게 먹을 것을 주었고, 내가 목마를 때 나에게 마실 것을 주었고, 내가 머물 곳이 없을 때 나를 너희 집으로 초대해 주었어. 또 옷이 없을 때 내게 입을 옷을 주었고, 아플 때는 나를 돌보아 주었으며, 곤경에 처했을 때 나를 찾아와 주었지." 이 이야기를 들은 오른쪽 사람들이 어리둥절한 표정으로 말했어요. "예수님, 저희는 예수님을 만난 적이 없는걸요? 저희는 예수님께 그런 도움을 드린 적이 없어요." 그러자 예수님이 이렇게 말씀하셨어요. **"이웃들 중 도움이 필요한 작은 사람에게 한 것이 바로 나에게 한 것이란다. 천국은 너희들의 것이다."**

예수님은 이번에는 왼쪽 사람들에게 말씀하셨어요. "너희는 나를 보고도 모른 척했다. 내가 배고플 때, 목마를 때, 머물 곳이 없을 때, 입을 옷이 없을 때, 아플 때, 곤경에 처했을 때, 너희는 나를 돕지 않았다." 이 이야기를 들은 왼쪽 사람들도 어리둥절한 표정으로 말했어요. "예수님,

말도 안 돼요. 저는 예수님을 만난 적이 없는걸요? 예수님을 보았다면 당연히 도왔을 거예요!" 그러자 예수님이 이렇게 말씀하셨어요. **"이 이웃들 중 도움이 필요한 작은 사람을 모른 척한 것이 바로 나를 모른 척한 것이다."**

오른쪽 사람들이 예수님께 칭찬을 받은 이유는 무엇인가요? (대답을 듣는다.) 맞아요. 어려운 사람들을 모른 척하지 않고 도왔기 때문이에요. 반대로, 왼쪽 사람들이 예수님께 혼이 난 이유는 무엇인가요? (대답을 듣는다.) 그렇죠. 어려운 사람들을 보고도 모른 척하고 돕지 않았기 때문이에요.

지극히 작은 자에게 한 것

그런데 여러분, 참 이상하지 않나요? 왜 예수님은 도움이 필요한 작은 사람에게 한 것이 바로 나에게 한 것과 같다고 말씀하셨을까요? 우리는 흔히 멋지고 예쁘고 유명한 사람들을 보면, 그들과 같이 되고 싶어 해요. 연예인을 보면 그들처럼 예쁘고 멋져 보이고 싶어 따라해요. 그런데 **만왕의 왕이신 예수님은 지금 가난하고 고통받는 지극히 작아 보이는 사람들을 자신과 같게 여기고 계세요.** 소외된 사람들과 같은 위치에 같은 모습이 되어 계신 거예요. 여기서 우리는 예수님이 어려움을 겪는 이웃들을 내 몸과 같이 사랑하고 계심을 알 수 있어요. 예수님은 그들이 겪고 있는 고통을 멀리 떨어져 바라만 보시는 것이 아니라, 슬퍼하는 사람들과 같이 슬퍼하시고, 아픈 사람들과 같이 아파하시고, 배고픈 사람들과 같이 고통스러워하세요. 그래서 **우리는 고통받는 사람들을 볼 때, 고통당하는 주님까지 볼 수 있어야 해요. 그리고 주님을 섬기듯 그들을 도와야 해요. 지극히 작은 자에게 한 것이 곧 예수님께 한 것이 되는 겁니다.**

천국은 바로 여기에

언제인지는 알 수 없지만, 예수님은 반드시 이 땅에 다시 오세요. 그리고 오늘 말씀 속 모습처럼 우리도 예수님 앞에서 심판을 받게 돼요. 이미 하나님의 자녀가 된 우리가 이웃 사랑을 잘 실천했는지, 그렇지 않았는지 예수님 앞에서 다 드러날 것입니다. 예수님은 우리가 얼마의 돈을 기부했는지로 판단하지 않으세요. 다만 우리의 삶이 얼마나 작은 자, 이웃을 향하고 있는지를 보실 거예요. 그러므로 여러분, **자선 교육은 오늘이 마지막이지만, 여러분의 자선은 계속되어야 해요.** 즉, '자선'은 어제 오늘만 하고 끝나는 이벤트가 아니에요. 마음이 끌릴 때만, 또는 여유가 있을 때만 하는 것도 아니에요. 예수님이 언제 다시 오실지는 알 수 없지만, 조금씩 꾸준히 하며 **자선이 내 삶의 일부분이 되어야 하는 거예요.**

그렇게 할 때, 예수님은 "너희가 복을 받았다. 천국은 너희 것이다"라고 말씀하세요. 천국은 우리가 죽은 뒤에 구원을 받아야 갈 수 있는 하나님의 나라예요. 아픔과 슬픔이 없고, 서로 사랑함으로써 기쁨이 넘치는 곳이지요.

'천국이 너희 것이다'라는 말씀은 두 가지 의미가 있어요. 첫 번째는 우리가 주님을 대하듯 어려운 이들을 섬기며 살아간다면, 마지막 때에 하나님은 우리에게 천국을 선물로 주신다는 의미예요. 두 번째는 그렇게 자선을 실천하면 이 땅에서도 천국을 맛볼 수 있다는 의미예요. 예를 들어, 항암치료로 머리카락이 다 빠진 한 아이가 학교에서 놀림 받지 않도록 친구들이 실제로 모두 삭발을 한 사례가 있었어요. 이 친구들의 멋진 행동 덕분에 아픈 친구도 학교에서 주눅 들지 않고 즐겁게 학교생활을 할 수 있었지요. 이처럼 하나님의 자녀 된 우리가 다문화 가정 아이들, 소년소녀 가장들, 장애가 있는 아이들을 돕고, 그들이 차별받지 않으며 웃고 살아갈 수 있는 사회를 만든다면 이 땅은 천국을 점점 닮아 갈 수 있답니다. 그렇게 이 땅에서 우리는 하나님 나라를 경험할 수 있어요.

마무리: 세상을 바꾸는 씨앗

사랑하는 친구들, 오늘로 6주 동안의 자선 교육이 마무리됩니다. 자선 교육의 주제가 '세상을 바꾸는 씨앗'이지요. **우리가 하는 자선이 세상을 바꾸는 씨앗이 될 수 있을까요?** 네, 될 수 있습니다. 예배 전 활동에서 살펴보았듯이, 자선은 퍼지는 특성이 있기 때문이에요. 내가 누군가를 돕는 자선은 이 씨앗처럼 작아 보일 수 있어요. 그러나 무려 '세 가지'의 세상을 바꿀 수 있어요. 먼저, **자선으로 이웃 사랑을 실천하며 하나님이 주시는 기쁨을 누리게 되요. 곧 '나의 세상'이 기쁨으로 바뀔 수 있어요. 또, 나의 도움으로 어떤 사람이 어려움을 해결하게 된다면, 도움을 받은 '그 사람의 세상'도 바뀔 수 있지요.** 더 나아가 나의 도움을 받고 어려움을 해결한 사람이 나중에 도움 없이도 스스로 살아갈 수 있게 되면 또 다른 어려운 이웃에게 자선을 베풀 거예요. 그렇게 내가 한 자선의 행동이 누군가의 또 다른 자선으로 이어지는 것이죠. 이것을 '선한 영향력'이라고 해요. 내 옆의 친구들, 우리 가족들, 주변 사람들도 함께 자선에 동참한다면 선한 영향력이 더 커지면서 자선의 물결이 퍼져 나갈 수 있어요. **그렇게 이웃을 사랑하는 자선의 행동이 많아질수록 모두가 살아가는 '우리의 세상'도 바뀔 수 있답니다.**

친구들, **우리가 실천한 작은 행동이 세상을 바꾸는 씨앗이 된다는 사실을 기억하길 바랍니다.** 그리고 예수님이 다시 이 땅에 오실 때까지 이웃 사랑을 행동으로 실천하며 이 땅에 천국을 이루어 가는 우리 모두가 되기를 축복합니다.

결단기도

사랑의 하나님, 6주 동안 우리가 '자선'에 대해 배울 수 있게 해주셔서 감사합니다. 지극히 작은 자를 예수님처럼 여기고, 섬기고, 사랑하겠습니다. 저희가 자선을 멈추지 않고 지속할 수 있도록 도와주시고, 함께 세상을 바꾸는 씨앗을 심어 갈 사람들을 만나게 해주세요. 이 땅에 하나님의 나라가 임하기를 소망하며, 예수님의 이름으로 기도합니다. 아멘.

6과 예배 후 활동 　씨앗 세계지도

- 소요시간　20분
- 활동형태　대그룹 활동
- 활동의도　자선가로서의 다짐을 결단하며, 자선의 행동이 모여 세상을 바꿀 수 있음을 시각적으로 확인한다.
- 준 비 물　학생용 워크북(p. 71), 대형 세계지도, 가위, 풀 또는 테이프

사전준비

① 교사 및 학생 인원수를 고려하여 대형 세계지도를 사이즈에 맞게 준비한다.

<대형 세계지도 예시>

② 대형 세계지도를 모든 사람들이 볼 수 있는 벽면에 부착한다.

③ 학생용 워크북 및 그 외 물품들을 준비한다.

진행방법

① 인도자는 예배 시간에 배운 내용을 간단히 상기시킨 후 도입 활동을 설명한다.

✚ 친구들, 조금 전 말씀에서 우리는 자선을 계속해야 한다는 것을 배웠어요. 우리가 한 번 돕고 마는 것이 아니라, 계속해서 꾸준히 도울 때 변화를 일으킬 수 있습니다. 자선 교육은 오늘로 마치지만, 여러분의 자선은 앞으로 계속되어야 해요. 자선가로서 이 땅에 천국을 이루어 가기 위한 나의 결단 및 다짐을 학생용 워크북 부록에 있는 '6과 나의 다짐'에 적어보고, 가위로 오려서 세계지도에 붙여 봅시다.

② 학생들은 '씨앗 카드'에 자선가로서의 나의 다짐을 두 개 이상 적는다.

③ 적은 다짐을 벽면에 부착되어 있는 세계지도에 붙인다.

✚ 우리 모두 각자가 적은 다짐들을 볼까요? (적은 다짐들 중 몇 개를 골라 읽는다.) 우리 친구들이 적은 다짐들이 정말 멋집니다. 나 혼자 하는 자선은 작아 보일 수 있지만, 이렇게 우리 모두가 함께 참여한다면 이 세상도 천국을 닮아 가는 변화를 이룰 수 있을 거예요. 자선 교육을 마무리하며, 우리 친구들의 작은 행동이 세상을 바꾸는 씨앗이 된다는 사실을 기억합시다. 그리고 우리 모두 멋진 자선가로 살아가기를 축복합니다. 오늘 배운 내용을 기억하고, 집에 가서 '가정에서 하는 활동지'로 복습해 보세요.

TIP

- 교사들도 활동에 참여하여 함께 학습에 동참하는 분위기를 형성하는 것이 좋으며, 필요시 학생들의 '씨앗 카드' 여분을 사용한다.
- 학생 수가 적은 경우에는 한 사람당 여러 다짐을 적도록 하여 '씨앗 카드'가 세계지도를 모두 덮을 수 있도록 한다.

자선 단체 리스트

※ 해당 리스트는 KCOC, 한국자선단체협의회, 한국가이드스타에서 발췌한 자선 단체 목록이며, 이는 많은 자선 단체 중 일부입니다(가나다순).

No	단체명	홈페이지 주소	사업 분야
1	국경없는의사회	https://msf.or.kr/	국제구호·개발, 의료보건
2	굿네이버스	http://www.goodneighbors.kr	교육·장학, 사회복지, 국제구호·개발, 의료보건
3	굿피플	https://www.goodpeople.or.kr/	교육·장학, 사회복지, 국제구호·개발, 의료보건
4	그린피스	https://www.greenpeace.org/korea/	환경, 국제구호·개발
5	글로벌케어	http://www.globalcare.or.kr/	교육·장학, 국제구호·개발, 의료보건
6	기아대책기구	http://www.kfhi.or.kr/	교육·장학, 사회복지, 국제구호·개발, 의료보건
7	다음세대재단	http://www.daumfoundation.org/	교육·장학, 비영리지원
8	다일공동체	http://dail.org/	교육·장학, 사회복지, 국제구호·개발, 의료보건
9	대한사회복지회	https://www.sws.or.kr/	교육·장학, 사회복지
10	대한적십자사	https://redcross.or.kr/main/main.do	재난구호, 공공의료, 남북교류, 혈액
11	동방사회복지회	https://www.eastern.or.kr/	교육·장학, 사회복지, 의료보건, 기타
12	러빙핸즈	http://www.lovinghands.or.kr/	교육·장학, 사회복지, 국제구호·개발
13	밀알복지재단	http://www.miral.org/main/main.asp	사회복지, 문화·예술, 국제구호·개발
14	부스러기사랑나눔회	http://www.busrugy.or.kr/	교육·장학, 사회복지, 국제구호·개발
15	비전케어	http://www.vcs2020.org/	의료보건, 기타
16	사랑의장기기증운동본부	https://www.donor.or.kr/home/index.asp	의료보건, 기타
17	사회복지공동모금회	https://chest.or.kr/base.do	사회복지, 의료보건, 긴급구호, 모금배분
18	세이브더칠드런	https://www.sc.or.kr/	교육·장학, 사회복지, 국제구호·개발, 의료보건
19	아름다운가게	http://www.beautifulstore.org/	문화 · 예술, 스포츠, 학자금 · 장학금지원, 병원경영, 의료보건, 사회복지
20	아산나눔재단	https://asan-nanum.org/	사회복지, 기타
21	아이들과미래재단	http://www.kidsfuture.or.kr/	교육·장학, 국제구호·개발, 의료보건
22	아프리카미래재단	https://africaff.modoo.at/	국제구호·개발, 의료보건
23	엔젤스헤이븐(은평천사원)	http://www.angelshaven.or.kr	교육·장학, 사회복지, 국제구호·개발, 의료보건
24	열매나눔인터내셔널	http://www.myi.or.kr/	교육·장학, 사회복지, 국제구호·개발, 의료보건
25	옥스팜코리아	http://www.oxfam.or.kr/	교육·장학, 국제구호·개발
26	월드비전	https://www.worldvision.or.kr/	교육·장학, 사회복지, 문화·예술, 국제구호·개발, 의료보건

27	월드휴먼브리지	http://www.whb.or.kr/	교육·장학, 국제구호·개발, 의료보건
28	유니세프 한국위원회	https://www.unicef.or.kr	교육·장학, 문화·예술, 국제구호·개발, 의료보건, 기타
29	유엔난민기구	https://www.unhcr.or.kr/unhcr/main/index.jsp	난민보호, 국제구호·개발, 의료보건
30	이랜드복지재단	https://www.elandcsr.or.kr/	사회복지, 교육·장학, 국제구호·개발
31	지파운데이션	https://gfound.org/	교육·장학, 국제구호·개발, 의료보건
32	초록우산어린이재단	https://www.childfund.or.kr/main.do	교육·장학, 사회복지, 국제구호·개발, 의료보건
33	컨선월드와이드	https://concern.or.kr/	국제구호·개발, 의료보건
34	코피온	http://www.copion.or.kr/	교육·장학, 국제구호·개발, 의료보건, 기타
35	태화복지재단	https://taiwhafound.org/main	사회복지, 교육·장학, 국제구호·개발
36	팀앤팀	http://www.teamandteam.org/	식수 및 보건위생(WASH), 난민지원, 긴급구호
37	플랜코리아	https://www.plankorea.or.kr/	교육·장학, 국제구호·개발, 의료보건
38	하나를 위한 음악재단	http://music4one.org/	문화·예술, 기타
39	하트-하트재단	http://www.heart-heart.org/	교육·장학, 사회복지, 문화·예술, 국제구호·개발, 의료보건
40	한국백혈병소아암협회	http://www.soaam.or.kr/	사회복지, 의료보건
41	한국실명예방재단	http://www.kfpb.org/	사회복지, 의료보건
42	한국아동청소년그룹홈협의회	http://www.grouphome.kr/pages/page_1.php	아동그룹홈지원사업, 아동그룹홈 관련 정책/연구사업, 국내외협력사업
43	한국장애인재단	http://www.herbnanum.org/	사회복지
44	한국컴패션	https://www.compassion.or.kr/	교육·장학, 국제구호·개발, 의료보건, 기타
45	한국펄벅재단	http://www.pearlsbuck.or.kr	사회복지, 교육·장학, 의료·보건, 기타
46	한국해비타트	http://www.habitat.or.kr/	사회복지, 국제구호·개발, 기타
47	한림화상재단	http://www.hallymburnfund.org/	사회복지, 의료보건
48	함께 걷는 아이들	https://www.withu.or.kr	사회복지
49	홀트아동복지회	https://www.holt.or.kr/	교육·장학, 사회복지, 국제구호·개발, 의료보건
50	희망브리지 전국재해구호협회	https://www.relief.or.kr/	재해재난구호

출처

KCOC(국제개발협력민간협의회) http://www.ngokcoc.or.kr/theme/ngokcoc/03/member00.php

한국자선단체협의회 http://www.charitykorea.kr/npokorea/lay1/S50T51C85/contents.do

재단법인 한국가이드스타 http://www.guidestar.or.kr/web/main